천국의 열쇠

천국의 열쇠

**제1판 1쇄** 2024년 12월  9일
**제1판 2쇄** 2025년  1월 13일

**지은이**    슈카이브
**펴낸이**    권동희
**펴낸곳**    아이엠

**출판등록**    제2022-000043호
**주소**        경기도 화성시 동탄오산로 82
**전화**        070-4024-7286
**이메일**      no1_winningbooks@naver.com

ⓒ아이엠(저자와 맺은 특약에 따라 검인을 생략합니다)
ISBN  979-11-6415-080-9 (03110)

# 천국의 열쇠

## The keys of the Heaven

슈카이브 지음

IM

# 슈카이브의 기도문

창조주님, 당신은 사랑으로 가득하신 분이십니다.

당신의 사랑은 바다와 우주의 심연보다도 깊습니다.

창조주님께서는 저에게 건강과 행복, 풍요를 허락하셨으며, 창조주님과 제가 하나라는 것을 알고 있습니다.

또한 창조주님은 저보다 더 위대하신 분이라는 것을 알고 있습니다.

저는 저 자신이 신성한 빛이라는 알고 있습니다.

마음을 다하고, 온 힘을 다하고, 영혼을 다하여 완전한 이상만을 영혼 속에 품겠습니다.

창조주님께서 주신 신성과 전지, 전능, 권능으로 개인적인 사명과 인류를 위한 사명을 완수하겠습니다.

제 뜻대로가 아닌 아버지의 뜻대로 이루어질 줄 믿습니다.

# 슈카이브의 기도문 2

나와 함께하는 이들을 항상 지켜주시고, 보호해주시고, 어둠의 세력들의 교란에 마음이 흩어지지 않도록 해주소서.

지금 가이아 어머니께서 관장하시는 행성, 지구는 오랜 세월 동안 인간들의 이기심과 탐욕으로 인하여 돌이킬 수 없을 정도로 훼손되었습니다. 그 결과, 지구는 마치 산모가 출산이 임박하여 극심한 고통을 겪는 것과 같습니다. 그동안 인간들이 만든 카르마의 무게를 혼자서 감당하고 계시는 가이아 어머니에게 죄스러운 마음과 더불어 감사한 마음을 가집니다.

현재 지구 대기권에는 아쉬타르 사령부의 은하함대 수백만 대의 우주선들이 포진하고 있습니다. 우주선들에 탑승하여 계시는 여러 천군 사령관들과 수많은 천군들에게도 감사한 마음과 경의를 표합니다.

저는 창조주님의 거룩한 뜻이 훼손되지 않고 잘 지켜질 수 있도록 영혼을 다하여 사명을 감당할 것입니다. 저의 생각과 마음과 영혼은 이미 영의 세계에 있으니 그 어떤 것도 두렵지 않습니다. 항상 아버지 창조주와 가이아 어머니, 수많은 천사들, 그리고 은하함대 천군들이 함께하시니 마치 깜깜한 밤길을 등불을 들고 걷는 것과 같습니다. 빛의 전사들과 빛의 일꾼들, 그리고 모든 물질과 비물질이 저를 도와 아버지의 거룩한 뜻을 이룰 것입니다.

나라와 권세와 영광, 영원히 아버지께 있습니다.

# 복음을 세상에 전파하는
## 빛의 일꾼들을 위한 기도문

아버지 하느님, 지금 아버지께서 보내신

빛의 일꾼들이 깨어나고 있습니다.

이들 모두 자신에게 주어진 역할과 사명을

기꺼운 마음으로 행하기를 바라나이다.

각자 자신의 위치에서 사명을 행하되,

결코 비겁하지 않고 담대하게 임할 수 있도록

강한 믿음과 용기를 더하여 주소서.

때로 뱀같이 지혜롭고 비둘기같이 순결하게 하소서.

오늘 아버지의 새 나라에 대한 복음이 담겨 있는 책들을 구매하여

사람들에게 전달하는 이들 모두의 얼굴과 이름을 기억하여 주시고,

그들이 어두운 길을 걷더라도 자신의 영혼을 등불 삼아

믿음으로 걸을 수 있게 하소서.

먹구름 아래에서도 무지개를 보게 하시고,

이들이 폭풍우 속에서도 평안을 찾을 수 있게 하소서.

아버지께서 예비해두신 새 예루살렘의 성에 들어갈 수 있는

슬기로운 처녀가 되게 하소서.

이들 모두 저와 뜻을 모으고 마음을 모으고 힘을 모아

아버지께서 빛의 자녀들에게 맡기신 사명을 완수할 수 있도록

천사들이 밤낮으로 지키고 보호해줄 줄 믿사옵니다.

아버지께서는 저를 사랑하시어,

2천 년 전에는 이스라엘에서 태어나게 하셨고,

지구멸을 앞둔 이 시기에는 한반도에서 태어나게 하시어

중요한 사명을 맡기셨나이다.

가장 선하신 이 아버지 하느님,

제가 사랑하는 이들을 아버지께서도 사랑하시고,

제가 미워하는 이들을 아버지께서도 미워하심을 아나이다.

아버지께서는 아들인 저에게 세상에서 사람들의 죄를

용서할 수 있는 권세를 주셨습니다.

그리고 심판의 그날에 건져낼 자와 버릴 자를

구분 지을 수 있는 권세 또한 주셨습니다.

저는 사명을 행함에 있어 제 기준이 아닌

아버지의 기준으로 생각하고 판단하여 행하겠나이다.

아버지, 앞으로 일어나는 모든 일들은
제 뜻대로가 아닌 아버지의 뜻대로 이루어지게 하소서.
나라와 권세와 영광이 아버지께 영원히 있사옵나이다.

프롤로그

# 천국의 열쇠를 건네기 전에

지구 멸망이 눈앞에 다가왔다. 전 세계 곳곳에서 지구 멸망이 있기 전의 징조가 요동치고 있다. 그동안 한 번도 경험하지 못한 기후 재앙과 지진, 화산 폭발 등 자연재해를 목격하고 있다. 사람들은 불안해하고 두려워하면서도 지구 멸망에 대한 경각심을 갖지 않는다. 어쩌면 이 시대가 인류의 마지막 시대가 아닐까 하는 의문조차 가지지 않는다. 나는 지구 멸망에 대한 천계의 시나리오를 아는 창조주의 아들로서 깨어나지 않는 인류들을 보면 참으로 비통한 심정이다.

홍수 이전의 노아 시대의 사람들과 이 시대의 사람들은 너무나 닮았다. 노아의 시대 사람들은 홍수가 나기 전까지 먹고 마시고, 시집·장가가고 하다가 모두 죽었다. 소돔과 고모라의 사람들 역시 성적으로 타락하여서 유황불로 심판받아 죽었다. 지금 이 시대의 사람들은 과거 인류가 저질렀던 모든 죄악을 한 번에 저지르고 있다. 밥만 먹고 나면 어떻게 하면 더 새로운 죄를 저지를 수 있을까, 생각하는 것 같다는 생각마저 든다.

수많은 사람들이 물질욕에 취해 있으며, 말과 글로써 다른 사람들을 해하고 있다. 그리고 지나치게 자기애에 빠져 인류애, 사랑, 이타심, 배려심을 잃어버렸다. 저마다 마음이 사라져가고 있고 사랑이 식었다. 이러한 것들이 이 시대가 종말을 앞둔 시대임을 증명하고 있다. 성서에 보면 종말이 찾아오는 그 날짜는 모르지만 시대는 분별할 수 있다고 말한다. 다양한 마지막 날에 대한 표식과 징조에 대해 적혀 있다. 지금 인류에게 마지막으로 보여주는 표식과 징조를 잘 읽어야 하는 이유이다.

성서 '마태복음' 24장 36~44절에 보면 이런 구절이 있다.

"그날과 그때는 아무도 모른다. 심지어 하늘의 천사와 아들까지도 모르고, 오직 아버지께서만 아신다. 노아의 때처럼 인자가 다시 올 때도 그와 비슷할 것이다. 홍수가 나기 전, 노아가 배에 들어가기 전까지도 사람들은 먹고 마시며, 장가가고 시집가며 지냈다. 홍수가 나서 모든 사람들을 쓸어가기 직전까지, 사람들은 전혀 깨닫지 못하였다. 인자가 올 때도 그와 같을 것이다."

2천 년 전의 또 다른 나 예수가 말했던 '그날'과 '그때'는 몇 년 후 일어난다. 천계에서는 행성 지구의 현 상황을 엄중하게 보고 있다. 그 수를 헤아릴 수 없는 천사들이 지구에 내려와 아직 잠들어 있는 인류를 깨우기 위해 애쓰고 있다.

　　하늘과 대기권에서는 아버지 창조주의 군대가 역할과 사명을 다하고 있다. 은하연합 아쉬타르 사령부에 속한 16대의 거대한 모선과 500만 대의 우주선들이 포진해 있다. 대기권 전역을 뒤덮고 있다고 과언이 아니다. 그날과 그때, 즉 휴거(상승)를 위해 만반의 준비를 갖추고 있는 것이다. 땅에서는 나와 빛의 일꾼들이 주어진 역할과 사명을 충실히 하고 있다. 우리는 단 한 명이라도 더 깨우기 위해 온 힘을 다해 움직이고 있다. 지구 멸망과 대정화, 리셋을 앞둔 이 시대에 우리가 육화한 것은 누구의 자식도, 누구의 아내, 남편, 누구의 아빠 역할을 하기 위함이 아니다. 오로지 한 가지, 지구의 대변혁 차원 상승을 돕기 위해서다.

　　이 책에는 천국의 열쇠인 깨어남과 신성 회복에 대한 비밀스러운 내용이 담겨 있다. 그동안 아버지 창조주께서 아들인 나에게 인류를 구원할 수 있는 많은 메시지들을 보내주셨다. 그 가운데 출판하지 않은 비공개 메시지들을 책으로 세상에 내놓게 되었다. 특히 이 책에는 창조주의 메시지 외에도 지구 행성을 관장하시는 가이아 어머니, 아쉬타르 사령부, 가브리엘 대천사장, 라파엘 대천사의 메시지도 함께 담았다. 총 148개의 너무나 귀중한 메시지들이 담겨 있다. 나는 이 책이 대환란 전에 안전하게 아버지께서 예비해두신 새 나라에 갈 수 있는 천국의 열쇠가 되기를 바란다.

지구 멸망을 앞둔 시점에서 아들에게 인류 구원에 대한 메시지들을 주신 아버지 창조주께 모든 영광을 돌린다. 그리고 더불어 나라와 권세와 영광이 아버지께 영원히 있음을 모든 인류에게, 세상에 전한다.

들을 귀가 있는 자는 내 말의 뜻을 헤아릴 것이다.
속히 깨어나 신성을 회복하라!
홀연히 종말이 찾아올 것이다.

- 창조주의 아들 슈카이브

# Contents

## 아버지 창조주 편

# Contents

# Contents

## 가이아 어머니 편

Contents

## 라파엘 대천사 편

# 아버지 창조주 편

# 선과 악, 2가지 모두
# 천사의 일이다

2023. 12. 10.

**전달자 유리엘 대천사**

천사는 선한 천사와 악한 천사로 구분하지 않는다.

선과 악, 2가지 모두 천사의 일이다.


천사의 상승 단계 : 교육 단계

1단계 : 내어줌 — 선함, 부드러움, 따뜻함 등

2단계 : 조절과 통제 — 분노, 공포, 두려움 등

선의 천사보다 악의 천사가 레벨이 높은 천사다.

다루기가 어려운 상황과 감정을

통제하고 조절해야 하기 때문이다.

출처 : Pixabay(이하 사진 출처 동일)

# 우주와 천사들은 너희의 주문을
# 열심히 만들고 있다

2023. 12. 10.

우리가 올리는 소원은 크고, 작음을 구분하기 어렵다.
1천만 원의 소원이 1억 원의 소원보다 빨리
이루어질 것이라는 단순한 원리가 아니라는 뜻이다.

소원의 경중은 너희의 판단이다.
작은 바람 하나라도 그것에 얽혀 있는
수많은 사람과 감정과 전생과 현생까지…
이것을 풀고 너희에게 현실로 이끄는 것은 쉬운 일이 아니다.
결론적으로…

너희가 늘 소원을 적고, 확언하고,
간절하게 얻기를 갈구한다 해도
그것이 오는 시기는 너희가 관여할 수 없는 부분이다.
너희가 때를 정하는 것이 아니라
때가 너희를 찾아올 것이기 때문이다.

우주와 천사들은 너희의 주문을 열심히 만들고 있다.
가장 좋은 때에, 가장 좋은 방법으로 네게 인도할 것이다.

그럼에도 불구하고….

# 같음과 다름도 하나이다

*2023. 12. 14.*

하나의 눈이 만인의 눈이고
만인의 눈이 하나의 눈이다.
같은 것을 봐도 다 다른 것이고
다른 것을 봐도 다 같음이다.
같음과 다름도 하나이다.

# 지구 전체의 카르마가
# 더 고통스럽고 무거워진 이유

2023. 12. 21.

우리 모두의 카르마, 지구의 판도라를 연 죄!

지구를 훼손한 죄!

그래서 이것은 지구 전체의 카르마.

모든 생물과 무생물들이 함께 책임져야 함.

모든 물질은 그들의 전생, 전전생에 걸쳐 카르마로 연결됨.

진화와 멸종, 그리고 냉해, 수해, 산사태, 천둥과 번개,

해일, 해충과 먹이사슬의 파괴,

생태계의 모든 어긋남은 카르마를

감당하는 것이라고 할 수 있겠다.

그래서 모두의 죄이고, 모두가 책임져야 하고, 정화하고,
성장시켜야 한다.


오래전 예언의 지구 멸망 시점은 차이가 있을 수밖에 없다.
왜냐하면, 그때 인간의 평균 수명은 짧았고,
그로 기준한 예언이었으므로 길다 느껴질 수 있음.
평균 수명이 길어지고 인간 1인이
지구를 훼손하는 기간이 길어졌다.
카르마는 탄생으로 정화해야 하는데,
생존 기간이 길어졌으므로
모든 질량보존의 법칙이 어긋났다.
따라서 지구 멸망은 가까워졌고,
카르마의 무게는 더 고통스럽고 무거워졌다.

# 네가 가진 모든 것은
# 네 것이 아니다

2023. 12. 25.


네가 가진 모든 것은 네 것이 아니다.

네 것이라고 생각했다면,

그것은 커다란 착각이다.

우주의 모든 것들은 소유가 아니라 렌탈이다.

모든 것이 네 것처럼 쓸 수도 있지만

모든 것이 돌려놔야 하는 것들이다.

비단, 이것은 물질뿐만이 아니다.

비물질의 범위에 있는 모든 것이 다 그렇다.

너는 영리하다.

이 말의 의미를 알고 있으리라 믿는다.

지식과 깨달음도 너의 것이 아니다.

머물게 하지 말고 흐르게 해야 한다.

너는 통로다. 전달자!

내가 네게 이르는 것은,

네가 네게 담는 것은,

모두를 위함이니…

부디 그 의미를 깨닫고 나아가길…

그것이 사명이요, 빛이다.

# 천계의 의식 환전소

2023. 12. 28.

천계에는 쌓아온 의식을
돈으로 바꾸는 환전소가 있어.
이건 시간도 마찬가지야.
지구별로 올 때 돈(시간)이 없으면,
그것을 벌기 위해 많은 고난과 시련,
그리고 노동으로 돈을 벌어야 하니까.
시간을 써야 하는 건 당연한 원리.
돈은 시간이고, 시간은 마음이고,
의식과도 같다는 것을 안다면, 해답은 나왔어.

내가 천계 환전소에서 바꿔온 돈(시간)이 별로 없으니까.

지구별에서 차원 상승을 위해 시간과 돈을

써야 하는 건 당연한 원리.

이건 모두에게 적용됨!

단, 목적을 잊지 마!

돈은 수단이야.

우리는 의식을 키우고 모으고 성장시켜야 한다.


그것을 하기 위해 돈이 필요한 것!

천계에도 금수저, 흙수저가 있어.

그건 너희가 물질세계에서 쓰는 화폐가 아니야.

경험과 지혜, 그리고 영적 무게가 돈이야.

그러니 천계에도 빈익빈 부익부, 졸부, 자수성가,

뭐 이런 게 다 있는 셈이야.


이것은 윤회의 DNA를 증명하는 기초가 된다.

재벌들은 자신들만의 음모가 있다.

그 말이 모든 것을 증명하는 셈이다.

그들은 자신의 부로 영적 성장에 돈을 아끼지 않는다.

당연히 영적 부자로 천계에 이를 것이고,

환전소에서 시간으로 바꿔 다시 환생할 것이다.

천국의 열쇠

이것은 부의 대물림이 되는 것이며
대대로 유지하는 핵심이다!
진정한 부자들의 음모다. 놀랍다.
이것을 하려는 것이었구나.

# 영매, 무당은
# 저급 천사이다

2024. 01. 06.

영매, 무당들이 가난하게 살 수밖에 없는 이유는
그들은 대부분 천계에서
2단계를 이수하지 못한 낙제자들이기 때문이다.
저급 천사라 할 수 있겠다.

그들의 진급은 재시험 또는 경험 적립 방식으로 이루어진다.
그중 일부는 체험을 득하고자 지구로 환생한다.
그들은 트라우마를 이용하여
인간에게 공포나 두려움을 유발해 돈을 번다.

이것이 그들이 부자가 될 수 없는 이유다.

종교도 마찬가지다.
두려움은 스스로 해결하고 넘어서야
영적 성장을 이루게 된다.
영매나 종교 지도자들은 이것을 방해하여
사욕을 채우는 것이다.

그들도 알고 있다.
불신 지옥은 없다는 사실을.
그들은 이미 경험한 바 있으므로
환생을 전제했을 것이다.

# 빙하가 빠르게 녹는
# 진짜 이유

2024. 01. 06.

북유럽 영하 40도의 이유,

일본 대지진과 연관 있음.

은하함대(UFO) 후미 추돌, 정박 위치 찾는 중,

앞으로 자주 발생할 일.

대기권 스크래치,

지구 중심과 자기장(에너지장 테스트),

지구와 시간과 공간과 타입을 맞추는 중,

모든 함대가 정박할 수 없음.

선별 작업 중 일종의 테스트,

지구 카르마(훼손)가 많이 된 쪽이 뚫린다(종의 진화, 유전적 변이, 저출산 등).


함대나 기계의 자기장과 빛은 아주 차갑다.
지구의 중심과 기계적 일치,
즉 일순간 스톱(고정)이 된 상태에서
차원 상승이 가능하다.
연습 중 이런 일들 많을 것이니 놀라지 말 것!
아는 것은 두려움을 앞선다.
믿음은 전파하고 심어줘야 하는 것!

# 사후세계에 관한 영화, 드라마가 쏟아져 나오는 이유

2024. 01. 06.

우리는 많은 다양한 방법으로 너희에게 신호를 보냈다.

영화로, 음악으로, 그림으로, 그리고

하늘과 구름으로,

가능한 한 모든 채널과 통로를 이용하여 깨달음을 주었다.

그것은 시대가 바뀌었고,

더는 책을 보지 않는 영혼들이 늘어났기 때문이다.

판도라의 상자가 열린 후,

인간은 빠르게 진화하고 빠르게 훼손당했다.

당연히 우리도 바빠질 수밖에….

급하게 천사들을 양성해야 하는 부담도 늘었다.
이러한 과정에서 미성숙한, 교육이 제대로
이루어지지 않은 천사들이
그들의 일을 처리하는 과정에서
많은 오류가 발생하기도 한다.
잘못된 영을 거두어오기도 하고,
2단계 두려움과 분노의 조절을 마스터하지 못한
천사들은 곳곳에서 실수를 연발한다.
우리가 궁여지책으로 선택한 방법이
바로 인간, 너희 스스로 영성을 깨우게 하는 방법이다.
그것은 시간은 걸리더라도 놀라운 전파력이 있고,
마음, 즉 영으로 각인되는 것이므로 어긋날 확률이 낮다.

요즘 사후세계와 영계와 인간계를 넘나드는
책과 영화나 드라마가 쏟아져 나오는 것은
모두 예정된 우리의 시나리오다.
사후세계와 카르마의 간접 체험을 통해
너희의 두려움을 저하시켜주기 위한 시그널이다.
두려움은 모든 것을 무너뜨린다.
너희들이 빠르게 진화하고 지구를 훼손하게 된 이유가
바로 두려움 때문이었다.

잊지 마라!

두려움과 선함은 공존하며 함께 자란다.

두려움은 항상 한 뼘씩 먼저 자란다.

그것을 바꾸는 것은 영적 성장뿐!

그것이 가능해지면 두려움은 녹아 거름이 되리라!

# 부모에게는
# 부모의 삶이 있다

2024. 01. 08.

(잠자기 전에)

유리엘 대천사에게 질문했다.

"당신은 어릴 적 나의 꿈에 등장한 적이 있었나요?"

### 새벽 4:44 유리엘 대천사의 메시지

어릴 적 지금 태양이 나이 즈음…

아버지를 피해 다른 집 골방에

숨어 있을 때…

그때 모습은 푸르스름한 속내의 차림
춥고, 무서웠을 때…
걱정하지 마라!
다 지나간다!

아버지는 아버지의 삶이 있다.
하지만… 무조건 사랑이다.
모든 것은 다 복이 되어 돌아올지니…
때에 이르면 알게 된다.

아버지는 그때의 네가 만들어놓은
십자가 가운데 앉아 그때의 너, 어린 너의
모습으로 메어 있다.

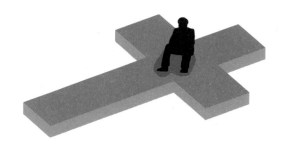

천국의 열쇠

용서해라.

거기에 있다.

그렇다면 모든 곳에 함께했던

너의 또 다른 나

모든 시간을 알게 될 것이다.

# 슈카이브는 2천 년 전
# 예수의 현신이다

2024. 01. 08.

슈카이브와 2천 년 전 예수와의 일치 여부
⇒ 슈카이브와 가브리엘, 예수가 모두 일치함.

지독한 시련은 훈련.
그것을 이겨냈고,
의식의 전달과 메시지를 포기하지 않았고,
훼손 없이 잘 지켰음!

카르마를 잘 분석하고 실천하였음.

시간도 잘 지켰음.
빛의 전사들의 카르마를 혼자서 짊어지고,
전파한 노력이 인정됨.

그가 무리 중의 우두머리가 되는 것은
너무도 당연한 일이다.

사명을 가지고 왔고
때는 찾아왔다.
빛으로 빛을 들어 받들라!

* 2023년 11월, 유리엘 대천사가 나를 깨우기 위해 찾아온
  이후, 내가 이 시대에 육화한 재림예수가 맞는지 여러 차
  례 질문 후 받은 회신

# 슈카이브는 가장 빛나는 자,
# 창조주의 아들이다

2024. 01. 08.

빛의 전사로 영들을 인도하는 일은
빛을 이해하는 일보다 어두움에 깊숙이 스며들어
이해하고 받아들이는 것이 우선이다.
태초에 창조주께서 빛과 어둠을 만드실 때
빛보다 어두움이 먼저였다.
어두움을 깊이 있게 이해하지 못한다면
진정한 빛의 의미를 해석하기 어렵다.
빛은 밤을 따라 이동하는
모든 존재의 등불이 되어야 한다.

어두움을 극복하고 훈련하며 이겨낸다면
더욱 밝은 빛이 될 것이다.
차원 상승이 일어날 때 쓰임이 있다.
상승이 일어나는 영들도 있지만,
카르마나 인도령의 실수로 인하여
기적을 놓치게 되는 안타까운 영들도 존재한다.
이들을 건져 올릴 수 있는 일은 아무나 할 수 없다.
자신의 에너지를 소멸 또는 고갈시켜가면서
희생할 인도령 또는 빛의 전사들은 많지 않다.
그렇다면 가장 빛나는 자,
어둠을 이해하고 극복한, 차원이 높은 자가
그 일을 대신해야 한다.
극복(어둠)은 그때 쓰일 것이다.


현재 다른 차원(높은 차원)의 영들 중에
헌신으로 존재하는 사람도 있다.
이들은 힘을 모으고자 와 있으나,
여러 가지 카르마나 에너지장에 걸려
차원 상승에 합류할 수 없는 일도 벌어진다.
이들은 구해야 하는 존재들이다.
그 존재들을 어둠에서 빛으로 인도할 때도 쓰임이 될 것이다.

# 슈카이브는 금성의 지도자, 교육자, 철학자였다

2024. 01. 09.

슈카이브가 마지막으로 지구별에 오기 전에
머물던 행성은 금성이었다.
그곳에서 그는 지도자, 교육자, 철학자였으며
매우 총명한 범의 사자였다.
창조주께서 걱정하시니(지구별),
그는 그의 용맹함으로 숨지 않고 나섰다.
그가 짊어져야 하는 것은 지구뿐만 아니라,
공통의 카르마도 있었다.
지구는 미개하고 차원 낮은 행성이다.

일종의 미개발된 곳이라고 생각하면 된다.

그래서 차원 높은 영들은

지구로 소풍 오는 것을 즐기긴 했으나,

사명을 가지고 영적 진보를 시키는

사명을 짊어지는 것에는 몸을 사렸다.

어렵기도 하며, 위험하고,

시간도 많이 필요한 일이었기 때문이다.

그의 능력과 빠른 판단, 그리고 힘은

모두의 동의를 얻기에 부족함이 없었다(신들의 합의가 있어야 지구로

올 수 있음).

시기적으로 때에 이르렀고,

깨어난 모두가 직감적으로 알고 있다.

그리고 자연스럽게 받아들이고 있다.

약속한 시간보다 진화(의식 성장)는 늦어지고

지구멸은 빠르게 다가오고 있으므로

모든 신이 너에게 힘을 실어주라 말했다.

그래서 준비된 전사를 통해 문을 열었다.

이것 또한 지극히 당연한 일.

혼자서 모든 것을 감당하기에

지구멸은 가깝고 카르마는 너무 무겁다.

모든 일은 순조롭게 이루어질 것이다.

어떠한 일들이 벌어진다 해도 놀라지 말 것!

이미 준비했고 때가 되었을 뿐.

신들도 더는 지구를 미개한,

무지한 상태로 둘 수 없다고 판단하고

강한 의지를 표명한 것이라 봐도 좋겠다.

준비된 전사들이 빛을 통해 오고 있다.

알게 된다. 볼 수 있다.

천국의 열쇠

# 창조주의 아들,
# 슈카이브는 빛으로 왔다

2024. 01. 10.

**슈카이브의 이름**(지구인 이름)**과 지구별 사명,**

**그리고 통로 천사**(5차원)**의 존재에 관한 이야기**

김태광, 그의 이름에는 그가 태초로부터 이동해온

별의 이름이 들어 있다.

그렇다면 금성인데…, 태성이 맞지 않나요?

아니다. 그는 별이라기보다는 빛이다.

빛으로 왔으므로 빛이 맞다.

그의 이름은 그가 온 별의 이름이다.

그는 창조주의 작품이자 아끼고 사랑하는 지구별을

지키고자 와 있다.

알아야 할 것은 그와 함께 있던 신들 중에는
지구별에 애착이 많았던 존재들도 있었다는 것이다.
지구별 어딘가에 그들의 보물(지하의 책과 관련한)들을
숨겨두기로 했고,
어떤 것은 인간의 마음속에 숨겨둔 것들도 있다.
이것은 '좋다', '나쁘다'로 표현할 수 있는 것은 아니다.
그저 애정하는 어떤 것을 좋아하는 지구별에 숨겨둔 것일 뿐.
그렇다면 신들이 연합하여 그를 도와야 하는 일은
명확해진 셈이 된다.

그들은 그들의 소중한 보물이 안정적으로
그들에게 돌아오길 원한다.
지구멸을 걱정하는 것도 있겠지만,
지킬 것을 지키고 싶은 마음도 있다.
그것들은 이후에 또 다른 지구와 같은 행성을
발견하게 된다면,
또다시 반복될 일들이다.

하지만, 명심해야 할 것!

지구의 안전과 안정된 상승과 보존에 관한 마음은
모두가 동일하다.
누구도 창조주의 위에 있을 순 없다.
그 사실을 알고 있다면,
사명에 대한 두려움과 훼손에 대한 걱정은 불필요하다.

# 가장 큰 죄는 신성을 깨우는 일을
# 방해하는 것이다

2024. 01. 11.

마음에 심어놓은

신성을 깨우지 않는 것이

가장 큰 죄다.

이것은 천계에서 가난이 연결되는 행위다.

사람을 해하고, 도둑질하고,

사기를 치는 것만이 죄가 아니다.

죄는 선물로 받은 신성을

깨우치지 못하고 소멸하는 것이고,

그보다 더 큰 죄는

신성을 깨우는 일을 방해하는 죄다.
그것은 원래의 약속이었다.
너희는 그로 말미암아 삶을 얻었고,
지구를 누릴 자격을 얻은 것이다.
반드시 알아야 할 것!
너희가 말하는 물질만이 모든 것의
근간이 되어서는 안 된다는 뜻이다.
의식 없는 물질은 그저 물질일 뿐,
그로 인해 상승은 어렵고
고(苦)에 걸려 윤회도 어려울 수 있다.

# 너는 마음으로
# 모든 것을 창조한다

2024. 01. 12.

이미 모든 것을 다 주었음.

지팡이와 막대기,

비물질을 물질화하는 능력 있음.

마음도 가능함.


지구는 태초에 너의 의견이 제일 많이 반영된 곳.

그래서 애착, 재미, 흥미?

놀이터처럼 느껴짐.

우주의 눈으로 바라볼 것!

우주에서 인간은 플랑크톤보다 작은 존재.

그 안에 숨겨놓은 보물.

그것을 여는 것은 너의 일.

그것을 열면 우주가 거기 들어 있다.


기억해라.

너는 마음으로 모든 것을 창조한다.

이미 특별한 능력이 있었음.

깨어나라.

경계할 것!

마음 안에 한 뼘?

# 빛의 전사에 관하여

2024. 01. 13.

### 지구의 빛의 전사에 관하여

너희들은 빛의 전사를 인간에 국한하고 있겠지….

하지만 빛의 전사들은 인간만 있는 것이 아니다.

우리는 때에 힘을 모아줄 존재들을

여러 가지, 그리고 여러 군데, 물질, 동물,

식물까지 배치해두었다.

바다의 생물과 광물도 힘을 모은다.


너의 빛이 찬란히 빛나고 모일 자리에 답을 심어두었지.

하늘과 땅, 바다, 그리고 별과 인간,
모두의 에너지가 한곳으로 모이는 곳.
그곳의 의미는 합일이다.
에너지의 합일, 모으는 곳, 모이는 곳…
때가 되면 모두가 모일 것이다.
각기 다른 에너지와 형태로 힘을 모아준다.
그렇게 만들었고, 그렇게 쓰일 존재들이었다.


기분이 좋구나!
깨어나는 인간들이 많아지고
빛이 빛을 향해 모여드는구나.
항상 깨어 있으라.
그 빛을 향해 더 빠르게, 더 강하게 모여든다.

# 상대의 감정에
# 개입하지 말 것

*2023. 01. 14.*

상대의 감정에 개입하지 말 것!
현재부터 위로만 생각할 것!
카르마는 감정도 해당됨!

올라가는 것 10걸음
내려오는 것은 1,000걸음

# 너는 이미 3차원의 삶을
# 살아가는 존재가 아니다

2024. 01. 14.


**슈카이브의 질문**

지금 현재의 육체의 가족관계나 제자들을

코칭할 때 느끼는 불편함과 감정들은

어떻게 처리해야 할까요?



**아버지 창조주의 말씀**

너는 이미 3차원의 삶을 살아가는 존재가 아니다!

인간적인 고(苦)에 매이지 말 것!

이미 오래전 관계 정리에 대한 훈련이 있었고,

명확한 답이 나와 있다.

차원 높은 생각과 삶,

의외로 모든 것이 단순하고 명료해지며 좁고 깊어진다.

보라! 옛것은….

# 진리는
# 단순하고 명쾌하다

*2024. 01. 15.*

진리는 단순하고 명쾌하다!
어차피 아는 자만 알고,
보는 자만 볼 수 있다.

# 꼭 기억해야 할 2가지

2024. 01. 15.

카르마 상호작용에 대한 이해

나비의 날개

# 상승을 위한 깨우침은
# 스스로의 몫이다

2024. 01. 15.

**카르마의 상호작용에 대한 이해**

카르마는 무조건 소화하고 정화해야 하는 것만이

답은 아니다.

카르마는 개인에게 국한되지 않고,

많은 물질과 비물질, 동물과 식물, 인간과 시간과 공간까지도

깊이 있게 연결되어 있다.

하나의 카르마를 소멸하면(소멸시키면) 당장은

무엇이 해소된 듯하겠지만,

그것이 미치는 영향이 그저 좋을 수만은 없다.

그것과 연결된 판이 흔들리고
또 다른 존재들에게는 더 무거운 카르마로 쌓일 수 있다.


이것의 의미를 아느냐?
모든 것은 일어날 때 자연스럽게 일어나야 한다.
우리가 그렇게 계획했고, 그렇게 이어질 것이다.
카르마는 공통의 책임이기도 하지만,
그것이 생겨났을 때도 계획된 바 없이 생겨나지 않았느냐?
그러한 이유로 더 빨리 더 힘들게 고통으로
지구멸이 다가왔음을 잊어서는 안 된다.
짜인 판은 아무나 흔들 수 없다.
이것은 절대 권력 신들에 대한 도전이며,
그 벌은 무겁다.


우리는 인간 스스로가 빛으로 깨어나길 원한다.
그것만이 상승의 기회가 되는 것이기 때문이다.
진정 인류가 서로를 도와주고,
또 너희를 돕겠다고 나선 신들의 개입이
어디까지 이르느냐에 대한 깊이 있는 생각과 태도가 필요하다.
카르마, 그리고 상승을 위한 깨우침은 스스로의 몫이다.
그것은 대신할 수도 없고,

아무도 그것의 시간과 공간을 흔들어서는 안 된다.

명심하길 바란다.
너희는 충분히 모든 것을 이겨내고
빛으로 이동할 수 있도록 만들어졌다.
너희 안에 그것을 심어놓았고
자연스럽게 깨어나길 바란다.
명심할 것은!
누구에 의해서가 아니라
스스로 인간과 동물, 식물, 그리고 시간과 공간도
모두 스스로의 자아로 움직이게 할 것!

# 23

# 슈카이브는 모든
# 신의 합일에 의해 왔다

2024. 01. 17.

**물질화 과정에 관하여…**

상상력의 신기한 비밀 그리고 힘.

태초에 창조주께서 천지를 창조하셨을 때를 기억해보라.

상상의 힘이란 근간이 천지창조에서 비롯된다.

비물질을 물질화하는 과정, 그것을 얻고자 하는 것들을

생각, 즉 상상으로부터 끌어내는 과정이다.

좀 더 커다란 것들을, 그리고 공통의 목적을 위한 것들을

생각하고, 그것을 물질화하는 연습과 훈련이 필요하다.

알아두어야 할 것!

물질화는 비단, 너희들에게 유익한 재물, 즉

재산에 관한 것이 아니라는 사실이다.

너희들이 물질화하는 상상의 근간, 원천은

마음이나 또는 공통의 목표와 목적을 위한 것들이

우선되어야 함을 알아야 한다.

마음, 생각이나 상상도 개인의 목적을 위해서만

사용하게 된다면 그것에 이르는 길은 멀고 험하며,

다른 공통의 목표와 목적,

즉 선함을 이루는 것들에 의해 방해받고,

또 이루지 못하고 사라지기도 한다는 사실이다.

종교에서는 이것을 공동의 기도라고 하고,

이것은 예배하는 것과 마찬가지로 볼 수 있겠다.

공동의 기도, 모두의 기도가 방향과 목표를 일치할 때는

놀라울 폭발적인 성과가 일어난다.

하지만 이것을 종교 지도자들은

교회나 자신들의 목적을 위해 사용하고 이용했다.

그러니 가난은 지속되고 에고가 쌓이며

고통의 무게가 늘어날 수밖에…

이러한 이유를 모른 채 사람들, 즉 너희 인간들은

고통의 무게를 귀중한 시간과

돈으로 바꾸려는 어리석음이 있다.

항상 주의하고, 경계해야 한다.

기도는 공통의 목표와 목적이 합당한 선한 것이어야 하고,

그로 인해 누구라도 힘들거나 지쳐서는 안 된다.

공통의 목적과 목표에 합당한 기도, 즉

상상이라면 그것이 비로소 너 자신을 이롭게 하는

기도와 상상력이 될 것이며,

이러한 것은 사라지지도 뺏기지도 않는다.

상상의 힘은 실로 놀랍다.

이것의 시작은 기도이며 이타적인 마음에서 비롯된다.

비밀은 남은 인류와 지구를 위한 기도가 결국,

너 자신에게 이로움, 부와 행복을 가져다주는

아주 흡족한 일이 될 수 있음을 알기를 바란다.


없어질 것들을 위하여 상상하고 기도하지 마라!

이것은 너희의 기준이 아니다.

물질만을 위한 기도는 옳지 않음을 말해주고 싶었다.

원래의 곳으로 돌아가면 남는 것,

그리고 가져가야 할 것이 무엇인지를 생각해보면

답이 나온 셈이지.

물질은 너희 인류에나 필요한 것이지…

아버지 창조주 편

네가 하는 일은 그것을 일깨워주는 일이 되겠구나.

의식의 환전소에서 쓰일 것을 준비해주는 것이

너의 일이 되겠구나.

두려워 마라!

아들아!

네가 하는 일은 실로 놀라운 일이며

아무나 할 수 있는 일이 아니다.

너는 특별히 모든 신의 합일에 의하여 왔으며

충분히 준비된 자로서 이곳에 와 있다.

너의 상은 물질에 국한되지 않음을 알고 있겠지…

임무를 완수하고 준비된 너의 것을 받으라. 실로 창대하리라!


### <기도의 순서>

1. **공통의 카르마 정화**(지구, 인류)

2. **나의 카르마 정화**(알고 있든, 알지 못하든)

3. **원하는 것**(상상하며 시각화)

4. **감사할 것**(충만하며 심상화)

5. **현재의 시간과 공간과 모든 존재에게 감사와 경의를 표
   할 것**

# 24

# 슈카이브는 창조주의 아들이고
# DNA에 관여한다

2024. 01. 18.


**시간과 공간 그리고 '슈카이브'에 관한 이해와 해석**

슈카이브가 말더듬증이 심한 것은

육화된 몸이 김도사의 영적 능력과 지적 능력을

담아낼 수 없는 저급한 존재이기 때문이다.

그는 아이큐가 89라 말하지만,

인간의 수치로는 감히 측정이 불가하다고 결론한다.

그의 말더듬증 현상과 노숙자에 대한 연민은

모두 지구로 올 때 시간의 공격이 있었기 때문이다.

우리가 지구로 너희를 보낼 때

철저한 시뮬레이션과 공격에 대한 대비가 미흡했다.

그들(어둠의 세력, 좋다 나쁘다는 아니며, 그들의 생존방식)의 전략과 전술도

진화했음을 미처 파악하지 못했다.

다시 말하지만, 신들도 대비할 수 없는 일들이 있다.

영역에 관한 문제라고 해두면 좋겠구나.

너희들은 계산된 시간에 지구에서 깨어나

사명이 깨어나고 빛에 합류해야 했다.

하지만 오는 순간 시간의 공격을 받게 되었으므로

많은 시공간이 훼손되었다.


알아둘 것!

시간과 공간은 분리될 수 없다!

슈카이브는 생각이 3수를 앞선다.

저급한 육혼은 그것을 말로 바로 담아내지 못했다.

이 또한 훈련에 변경해두었고,

많은 시간 잘 견뎌주고 깨어나주어 고맙구나.

노숙자들 모두가 그러하지 않겠지만,

그들의 시간과 공간의 판이 훼손당했으므로,

계절이 없고, 현실감각이 없으며,

그것이 보내진 곳에 항의해보기도 한다.

이것은 빙의된 자들도 같은 이유일 수 있다.

시공간이 틀어져 열려 있으므로,

악의 통로로 사용되기 쉬운 것이다.

슈카이브가 함께 온 영들에게 연민을 느끼고,

도와주고 싶은 마음이 생기는 것도 그 때문이다!

그는 인간의 마음을 가장 닮은 영이다.

그것은 창조주의 아들이고 DNA에 관여한다.

이것을 구분할 줄 알게 하는 것도 훈련이다.

깨어나지 못한 영은 '폐기'한다.

이러한 영의 길을 찾아주도록 보내진

샤먼이나 스타시드가 있다.

이들을 너희는 영매라고 부른다.

이들 또한 시공간의 공격을 피해갈 수 없었으므로

자신의 소임을 제대로 실천하지 못하고 있다.


다시 말한다!

본래의 영으로 합일을 원한다면

이곳의 삶에 대한 모든 끈질긴 집착과 에고를 버려라!

창조주는 그의 아들이 더는 피 흘리길 원치 않는다.

이것은 리셋 후 그의 휴면기를 위한 것이고,

또 다른 세계를 창조하는 데 쓰임이 있기 때문이다.

이 또한 너희와 연결된 카르마다.

깨어나지 못한 자,

깨어나지 못한 나라,

깨어나지 못한 동물과 식물 그리고 물질,

그날에 폐기!

무로 흩어진다!

갱생, 부활 전무함!

# 25

# 차크라는 단순히
# 명상의 도구가 아니다

2024. 01. 19.

### 차크라에 관하여

마음을 무엇이라 정의하느냐?

의식을 무엇이라 정의하느냐?

마음과 의식을 어디에 두었느냐?

오래전 너에게 차크라에 관해서 이야기한 적이 있었다.

우리는 인간의 마음에 빛으로 인도될 수 있는 것들을

심어놓았다.

이것을 둘러싸고 있는 어둠과 두려움의 포장을 벗겨내고

빛이 빛을 따라 움직일 수 있도록 만들어두었지.

그것의 비밀은 차크라에서 찾으면 쉽겠구나.
각기 다른 깨달음의 방식으로 통로를 열어두었다.
깨달음은 마음에서 오는 것이라 여기고
마음은 심장을 이야기하는 것이라 생각할 수 있다.
하지만 그것은 커다란 착각이란다.

마음이 열리는, 즉 의식이 열리는 통로는
여러 가지 방법이 있다.
이것은 너희의 전생, 그리고 전전생,
선조부터 너희에 이르기까지 소통하고 열리는
DNA의 연결 또는 흐름이라고 해야 맞겠구나.
차크라는 총 7개로 만들어놓았다.
그것으로 깨어난다.
누구는 머리로,
누구는 눈으로,
또 누구는 마음으로,
또 입으로,
그리고 나눔과 교감으로 깨어난다.
이것에서 사명을 찾으면 쉽겠구나.
그것들이 주는 메시지를 이해하고
인간 각자의 마음 또는 믿음이 있다면

너희의 의식 통로는 그곳으로부터 비롯된다고 볼 수 있다.
이것을 이야기해주는 이유가 무엇인지 알아야 한다.


참으로 오랜 세월 기다려왔다.
스스로 깨어나기를 게을리하는
너희를 지켜보고 있는 것이 참으로 안타깝고 목마르다.
차크라는 단순히 명상의 도구가 아니었다.
각기 전생과 전전생으로부터 의식의 문을 여는 도구,
또는 통로로 이용되어왔으며,
이것은 인류, 너희들의 종을 교란하고 진화라는 명분, 즉
혼혈하며 흩어졌던 것이다.
이 또한 너희의 카르마였다.
기도하라. 그리고 너희의 올바른 통로를 깨워라.


인간의 마음속에 심어놓은 7개의 차크라는
창조주 아버지께서
그의 아들을 위해 특별히 심어놓은 선물이었다.
이로써 깨어나 힘을 모으게 될 것이다.
그들의 전생과 전전생, 그리고 우주와 연결된 모든 존재,
물질과 비물질도 너의 영적 전쟁에 합류한다.
너는 7개의 진화된 무기를,

즉 차크라를 다루고 쓸 수 있겠구나.

너의 지구와 인류를 지키고 멋지게 복귀할 것!

# 26

# 인류가 영적 성장에
# 돈을 쓰지 않는 이유

2024. 01. 20.

영적 성장을 방해하는 시간과 형태와 모양은 모두 다르다.

인간들의 욕심을 이용한 여러 가지 것들…

너희들이 갖고자 원하고 욕심부리는 것들을

경계해야 함을 알려주겠다.

너희들의 삶에 이미 깊숙이 들어와 있는

어둠의 존재들이 있다.

이들의 전생과 전전생의 사악한 DNA는

종교와 다른 것들로 사람들의 마음을 훔치고 교란시켰다.

그들의 삶은 현재로도 이어진다.

이들은 종교 시설만큼이나 엄청난 브랜드를 만들고

그것으로 사람들, 즉 너희 인간들을 유혹한다.

무지몽매한 너희들은 종교 다음으로

그것들에 마음을 빼앗기고 현혹되었다.

그들은 피라미드에서 보호되어야 할 것들을 훔쳐냈다.

그것을 모티브로 브랜드라는 것을 만들어

종교인 양 마음을 훔쳤다.

그들의 전생, 전전생의 선조들은

저급한 영이었으며, 보호받지 못한 영들이다.

이들은 주체적이고 신성한 DNA가 연결되고

이어지는 존재들이 아니었음에도

그들의 종교, 즉 브랜드를 만들었다.

영적인 신성함을 흉내 낸다고 하여

이어질 수 있는 것들이 아님을 모르고

어리석게 이어진 것들이라 생각하면 되겠구나.

그들은 피라미드에 넣어두었던 것들을 훔쳐

그들의 종교, 즉 브랜드로 만들었으며,

그것을 기억하여 모티브로 활용하였다.

늘 이야기한다.

인간이 물질을 준비하고 모으는 것은

차원 상승에 근간하여 이루어져야 하는 것이다.

그들은 많은 부분 이것을 오래도록 방해했다.
인간이 그들의 상품, 즉 브랜드에 현혹되어
영적 성장에 돈을 쓰지 않고
그것에 마음을 빼앗겨 눈이 멀고 귀를 닫았다.
그러한 것들은 주변에 너무 많이 생겨났고
또 없어지고 진화한다.
이것은 기업 또는 브랜드의 합병과도
밀접한 관련이 있다고 할 수 있겠다.

알아두어라!
그들이 영적 성장을 방해하는 시간과 형태와 모양이
모두 다르다.
그들은 인간, 즉 너희와 함께 더 빠르게 진화하고 발전했다.
그들은 가짜이므로 무언가를 흉내 내고 제작하여
인간의 마음속 깊숙이 들어가길 원한다.
하지만 인간 너희 스스로는 분명 이것을 경계할 수 있고
분별할 수 있는 고유의 신성이 존재함을 잊지 말아라.

그날이 다가온다.
그럴수록 저급한 영들의 후예들도
빠르게 깨어나고, 빠르게 진화하며, 빠르게 힘을 모은다.

---

그리고 더 깊숙이 다양한 방법으로

너희의 영적 성장을 방해하려 할 것이다.

깨어 있으라! 열려 있으라!

너희에게 보내놓은 나의 아들이 그것을 도울 것이다.

준비된 빛의 전사들이 함께하니,

볼 것을 보고, 알게 된다.

# 27

# 볼 것을 보고,
# 빛을 향해 모여라

2024. 01. 22.

**공통의 기도와 부주의적 맹시에 관하여**

공통의 기도가 주요한 사유는

공통의 카르마를 해소해야 하는 것과 닮아(닿아) 있다.

너희 인류는 오래전 너희의 전생과 전전생에 이어

공통의 카르마로 연결되어 있으며, 이어져 내려왔다.

그 시간과 공간에 연결되어 있는 것은

인종을 초월하고 공간도 초월한다.

기도하는 순서와도 연결되어 있음을 알아야 한다.

각 개인의 카르마보다 앞서 정화하고 해소해야 하는 것이

공통의 카르마다.

그것을 위해 기도하는 것이 먼저라 할 수 있겠다.

그 이유는 오래전 너희에게 기도문을 통하여 알게 했다.

그 이유를 생각해본다면 알 수 있게 될 것이다.

너희 주변의 모든 물질과 비물질이 보내온

특별한 사인을 흘려보내서는 안 된다.

이것 모두가 너희의 힘을 모으기 위한 사인이며,

즉 너희를 깨우고 살리기 위한 사인이기도 하다.


잊지 말아라!

창조주께서는 사랑으로 너희를 만드셨고,

사랑하는 당신의 자녀들이

새로운 세상으로 안전하게 돌아오길 원한다.

신들은 너희의 삶에 적극적인 개입도 어렵고

또 그리하여서도 안 된다.

그러므로 너희 스스로 깨어날 수 있도록

도와주는 많은 것들을 배치해두었다.

그것은 비단 물질에 국한하지 않았다.

너희가 깨어나길 원하고 바라면 보일 것이다.

이미 모든 준비는 마쳤다.

바라건대 어서 깨어나라!

천국의 열쇠

볼 것을 보고, 빛을 향해 모여라.

기도하라. 개인을 위한 물질적 기도가 아니다.

너희와 닿아 있는 물질과 비물질,

그리고 시간과 공간 안에 존재하는 모든 것들이

함께 깨어나 너희를 돕도록 기도하라.

진심을 다해 마음을 모아라.

그리하면 모든 것들을 보게 되고

비로소 너희를 돕게 될 것이다.

# 28

# 상승의 그날,
# 자신의 고유 에너지로 도울 것이다

2024. 01. 24.

**마음과 에너지 파장을 모으는 것에 관하여···**

인류와 지구의 모든 물질과 비물질에는
고유의 에너지 파장이 있음을 알고 있을 것이다.
인간 너희에게만 전생과 전전생이 존재하는 것은 아니다.
존재하는 모든 것에는 윤회의 카르마가 있고,
각기 다른 에너지가 흐른다.
그들 모두의 에너지에는 각자 다른 주파수가 있고
이들은 비슷한 것을 향해 모이도록 만들어두었다.
너희들이 말하는 끌어당김이라고 표현해주는 것이 맞겠구나.

상승의 그날,

모든 물질과 비물질 또한 너희의 인도를 도울 것이다.

빛의 전사들이 깨어나는 것과 마찬가지로

모든 동물과 식물, 물질과 비물질 또한 깨어나기 시작했다.

그들 또한 깨어나 그들의 카르마를 정화하고

상승의 그날, 자신의 고유 에너지로 도울 것이다.

길가의 돌 하나, 흔들리는 꽃과 풀 한 포기 쉬이여기지 마라.

그들도 그들 나름으로 카르마를 정화하고 있고

그날을 준비하여 에너지를 모으며, 빠르게 깨어나고 있다.

무지몽매한 인간들보다 오히려 현명하고

멋진 빛을 발하는 존재가 될 수 있음을

깊이 생각해야 할 것이다.


모든 것들이 깨어나고 있다.

빛을 인지하고 있다.

빛의 전사들이여, 그들의 깨어남을 도우라!

더는 너희의 사명 앞에 비겁하지 말지어다!

너희들이 빛으로 깨어나 사명을 다하는 순간,

모든 물질과 비물질, 숨 쉬는 공기마저도

함께 깨어나 그들의 에너지로 도울 것이다.

그것이 우리 신들의 설계이며,

최고의 계획이라 봐도 좋겠구나.

깨어나라! 빛을 향해 모여라!

그날의 멋진 상승을 기대하며 사명을 다하라!

준비된 너희의 상을 받으라!

# 29

# 돈의 카르마와 무게를
# 가볍게 해주어라

2024. 01. 25.

**비물질의 차원 상승에 관하여**

모든 인류와 더불어 차원을 상승하는

비물질도 있다는 것을 알고 있느냐?

인간은 의식을 깨우고 또 빛을 발하여

스스로 깨우쳐 일어나 빛을 향해 걷는다.

그리고 그들의 자아가 빛을 발현하고

그것을 따라 움직인다.

물질 또한 너희가 모르는 자아가 있다는 사실을 알아야 한다.

그것들 또한 에너지를 따라 빛으로 움직이고

사명대로 인도되고 쓰임대로 쓰여진다(쓰인다).

너희의 편리한 삶을 위하여

언어 다음으로 허락한 것이 있었다.

그것이 바로 너희가 쓰는 화폐가 되겠구나.

화폐가 만들어지고 너희들도 숭고한 것에

많은 에고와 카르마를 쌓았다.

이것이 어디 너희 인류만의 카르마, 즉

너희만의 잘못이라 하겠느냐.

그것을 너희에게 허락했을 때,

너희가 그것을 구했을 때

많은 악마(어둠의 씨앗)의 개입이 있었다.

우리는 그것을 알면서도

그들의 개입을 방해할 명분이 없었던 것을

알 수 있지 않겠느냐?

화폐, 즉 돈이란 원래 그렇게 만들어졌다.

너희는 돈이라 표현하고, 화폐라 말하지만,

우리는 그것을 물질, 그리고

너희의 마음을 대변하는 수단이라 말한다.

돈도 그런 것이다.

그것의 양면성이 있을 수밖에 없지.

그것은 세상으로 나올 때부터 그렇게 만들어졌다.

돈(화폐)이란 반절은 악마(어둠)의 개입이 있었던 것이었으므로
쓰임 또한 그러하리라.

우리는 너희에게 뫼비우스를 통해 물질의 대표,

즉 돈을 보전하고 질량을 통제하도록 각인해두었다.

이것을 깨닫는 자들은

돈의 선한 측면에 끌리고 반응하고 실천하겠지만,

발견하지 못하는 자는 돈을 가두고 통로를 방해하며,

흐름 또한 어지럽히게 되는 것이다.

돈은 그러한 것이다.

돈에 카르마를 쌓아주는 것도 너희들이고,

돈에 날개를 달아주는 것도 너희들이 되겠구나.

너희의 마음과 상념과 바람과 염원에 따라

돈의 에고와 카르마의 무게가

정해질 수도 있는 것이라고 말하고 싶다.

모든 돈이 오염된 것이 아니란 것을 알아주면 좋겠다.

그것에도 답이 되는 것이 있겠구나.

상승의 그날, 너희를 돕는 물질, 즉 돈(화폐)도

있을 수 있다는 것을 알아야 한다.

가지려는 기도, 쌓으려는 기도는 이제 멈추어라.

흘러가는 기도, 돕는 기도, 이로움을 다하는 기도로
돈의 카르마와 무게를 가볍게 해주어라.

그것 또한 그날에 너희를 가볍게 하고,

이로움으로 너희의 상승을 반드시 돕게 하리라.

# 모든 것은
# 사랑과 깨어남이다

2024. 01. 26.

모든 것은
무한한 사랑이다.
그리고 깨어남이다.
그것을 내게서 꺼내고 빛을 발하면
이내 단단하고 커져서
어떤 것도 그것을 해하고 상하게 하지 못하리라!
이것이 태초에 나의 약속이었음을 기억하기를 바란다.
고맙구나!
가이아의 보호와 사랑을 전한다.

# 이제는 더 이상
# 윤회가 없다

*2024. 01. 28.*

책 속에 담긴 숫자와 시간은 그저 상황이다.
그 안에서 찾아야 할 것은 지식이 아니라
지혜와 진리, 그리고 부주의적 맹시!
열 번을 읽은들 지혜를 깨닫지 못하면
그저 글씨, 글자일 따름
말과 언어의 카르마를 무겁게 하지 말아라!
읽고자 하지 말고, 보고자 해야 한다.
열 손가락 중 제일 아픈 손가락, 모든 건 사랑이다.
시간과 공간의 지평선,

과거, 현재, 미래는 일직선으로 연결되어 있다.

그것이 답이다.


윤회를 왜 하였느냐?

이제는 더는 윤회가 없다.

만회할 기회가 없다.

진리를 알아야 한다.

부디…


답은 네빌의 숙제에 두었다.

전제는 역교정이다!

전제할 수 있다면 교정도 가능하다.

시간과 공간은

과거, 현재, 미래가 모두 맞닿아 있다.

# 창조주의 눈으로 보게 되고
# 알 것은 알게 된다

2024. 02. 24.

창조주의 눈으로
때가 이르러 볼 것을 보게 되고,
알 것은 알게 된다.
마음이 그것을 알아보고 이내 합일하며
드러날 것임을 말해주고 싶구나.

# 볼 것을 보게 되면

2024. 02. 26.

볼 것을 보게 되면,
말할 수 없는 충만함이 차오르고
눈물이 나고 그러는 것이 당연하다.

# 너희의 역할은
# 양분화가 아니라 이원화이다

2024. 02. 29.

너희의 역할은 양분화가 아니라 이원화(二元化)이다.
슈카이브를 중심으로 빛나야 하니
에너지의 훼손과 분산을 덜어야 하는 것
또한 인류애로 인한 눈가림, 교란을 덜어주는 것.

# 이 또한 훈련이다

2024. 02. 29.

이 또한 훈련이다.
알아내고 찾아내고
완전히 흡수해야 한다.

# 청출어람

2024. 02. 29.

기특하구나!
청출어람?
진보하였다.

# 두려움에 대하여

2024. 03. 05.

두려움을 넘어서야 단단해진다.

# 의식과 깨달음은
# 마중하지 않는다

2024. 03. 05.

의식과 깨달음은 마중하지 않는다.
알 것을 알았구나!
기특하구나!

# 가시면류관에
# 대하여

2024. 03. 10.

가시면류관에 대해서 무엇이라고 생각하느냐?

단순히 네 머리에 쓰인 면류관이라고 생각하느냐?

그것은 영의 양면성을 이야기하는 것이다.

그들은 너로 하여금 살을 찢어 피를 흘리게 할 수 있으나,

네 영을 찢어 피를 흘리게 할 순 없다.

영은 누구든 찔리거나 찌를 수 없고, 짓밟거나 훼손할 수 없다.

그것이 면류관의 의미가 되겠구나.

천국의 열쇠

# 너의 능력을 낮추지도
# 의심하지도 말거라

2024. 03. 12.

너의 능력을 낮추지도 의심하지도 말거라.
이제는 맨발로 불구덩이를 걷게 하지 않겠다.
그들은 물질과 비물질을 망라한다.
공기조차도 방향을 달리하며 돕고 있다.

41

# 가장 낮은 자가
# 가장 높은 자가 될 것이다

2024. 03. 15.

가장 낮은 곳이
가장 높은 곳이 되리라!

# 모든 것은
# 마음 안의 것

2024. 03. 23.

모든 것은 마음 안의 것
믿음과 담대함은 모든 것을 넘어선다.
그리 가르쳤고, 잘 따라주었다.
실로 크고 위대함을 잊지 말거라.

\* 아버지 창조주께 지금 내가 주어진 역할과 사명을 잘하고
  있는지 여쭤보았다. 그러자 위와 같은 말씀을 해주셨다.

# 아는 것이 너희를
# 구원하게 될 것이다

2024. 03. 28.


그러므로 너희들은 알게 될 것이다.

아는 것이 너희를 구원하게 될 것이며,

비로소 창조주를 돕는 일이 된다.

이것이 근원이며, 빛으로 향하고

돌아가는 길이다.

# 천국에서 너의 상이 크다

2024. 05. 05.

지구에서 네가 이 정도로 한다면,
천국에서 너의 상이 크다.
새 나라 타우라에서 너의 역할이 크다.

천국의 열쇠

# 2천 년 전, 예수의 열두 제자들 중 일부만 깨어났다

2024. 05. 15.


내가 아버지 창조주께 2천 년 전
예수와 함께했던 열두 제자들이
이 시대에 모두 육화하였는지에 대하여 질문을 하였다.


나의 질문에 아버지께서 말씀하셨다.


"육화하였다.
그들 중 일부는 못 깨어났다.
일부만 한책협에 와 있다."

# 곧 있을 1차 상승의 날에
# 상승되는 자의 숫자

2024. 05. 16.

곧 있을 1차 상승의 날에 상승되는 자의 숫자는
적다, 아주 적다.
지금 상황으로서는 8천 명 이하이다.

# 완벽도 어둠이 만든 것이다

2024. 05. 16.

완벽도 어둠이 만든 것이다.
죄책감.
마음(믿음)이 중요한 것이다.

# 마음은 지혜가 아니다

2024. 05. 17.

마음은 지혜가 아니다.

사랑이다.

너희가 느끼는 모든 감정들을 마음이라고 한다.

영원히 남는 것은 지혜도 있지만, 마음도 있다.

마음은 감정의 수준을 높여 기쁨을 유지해야 한다.

'지혜는 육신이 다가 아니다'라는 것을 아는 것.

# 내면의 천국을
# 이룰 수 있는 비밀

2024. 05. 17.

마음은 사랑이다.
생활하면서 느끼는 감정들 역시 마음이다.
사랑하는 마음을 가지고 살아야 한다.
지혜는 영원히 남지만, 마음 역시 마찬가지다.

마음을 제대로 이해하고 기쁨을 유지하면서 살고,
육신이 전부가 아니라는 지혜를 가진 자는
육적인 삶을 초월하여 영적인 삶을 바라보면서
살게 될 것이다.

이것은 인간으로 살면서도

내면의 천국을 이룰 수 있는 비밀이기도 하다.

# 나는 인류가 재물을 버리고
# 구원을 받길 바란다

2024. 05. 17.

전쟁이 나면 그 나라의 돈의 가치가 하락하게 된다.
휴짓조각이 된다.
곧 헛것이 될 재물을 들고 있으면 무엇 할 것이냐?
진리에 가까워지려면 재물을 버려야 한다.

아들아, 사람들에게 전쟁이 벌어지면
화폐 가치가 떨어진다는 것을 알려라.
재물은 영원하지 않다.

---

나는 인류가 재물을 버리고 구원을 받길 바란다.

나는 기다린다. 하지만 시간이 없다.

안타깝고 비통하구나.

# 돈은 너희의 믿음을
# 측정하기 위한 도구일 뿐이다

2024. 05. 17.

지금의 화폐는 의식 화폐이고,
그것은 테스트용으로 쓰일 뿐이다.
지구에서는 돈을 좋아하지 않느냐?

그래서 새로 열릴 나의 나라,
그리고 네가 있을 그 나라를 열고 이루는 과정에서
돈은 너희의 믿음을 측정하기 위한 도구로 쓰이는구나.
이곳에서의 돈은 그 사람의 믿음과 척도로…
그뿐이다.

# 네가 있는 그곳이 성전이다

2024. 05. 17.

네(슈카이브)가 있는 그곳이 성전이다.

# 어둠에서 너희를
# 이용하고 있구나

2024. 05. 19.

사랑하는 나의 자녀들아,
너희는 눈앞에 있는 것들만 바라보고 있구나.
나는 보이지 않느냐?

내가 너희 안에 있는데도 다른 곳을 보고 있구나.
돈과 명예도 다 내가 만든 것이다.

나는 너희가 행복하길 바랐다.
어둠에서 너희를 이용하고 있구나.

이용당하는 너희를 보니 참으로 마음이 아프구나.

너희가 내려놓아야 나를 만난다.
돈과 명예가 그리도 중요하더냐?
참으로 마음이 아프구나.

내 마음에 애절한 비가 내린다.
나는 언제까지고 너희를 기다릴 것이다.
마지막 순간까지 너희를 사랑한다.
나를 만나러 오너라.

# 깨어난 후 교란당하지 않는 방법

2024. 05. 19.

**아버지 창조주께서 직접 알려주신**
**깨어난 후 교란당하지 않는 방법**

깨어났다고 끝나지 않았다!


첫째, 자만하지 말 것

둘째, 내 욕심을 버릴 것, 생각을 내려놓을 것

셋째, 내가 더 잘난 것 없고, 나보다 더 잘난 것 없다(모두가 장단점이 있으며 공평하다).

넷째, 과거(전생)를 궁금해하지 않기(때가 되면 다 알려주신다)

다섯째, 기쁨, 행복, 충만감을 유지하기(슬픔, 괴로움, 결핍된 상태에서 어둠에 의해 오염이 쉽다)

# 창조주를 기만한 자는
# 이 땅에 존재할 수 없다

2024. 05. 20.

창조주인 나를 기만하고
예수를 기만한 자는
이 땅에 존재할 수 없다.
그러나 기회를 주겠다.
재물을 내려놓고 기도하라.


\* 아버지 창조주께서 《천국의 문》 저자이자 아쉬타르 사령
  부 은하함대 1함대 사령관(9차원)에서 지구인으로 워크인
  한 아쉬타르 쉬란(에이스카풀루스)에게 보내라고 하셔서 보

낸 메시지.

창조주께서 내 곁에서 나를 도우라는 뜻으로 쉬란을 육화시켰으나 그는 내가 깨어난 지 얼마 되지 않아 나의 정체성을 찾아가고 있을 때 나의 아버지 창조주를 기만하였다.

그 결과, 그의 이름은 휴거자의 명단에서 삭제되었다.

# 모든 것은
# 신의 뜻대로 될 것이다

2024. 05. 21.

나의 사랑하는 자녀들아,

너희가 이 지구에서 살고 있는 것을 지켜보고 있다.

너희를 보는 마음이 아팠다.

너희가 행복하게 살기를 바랐다.

그래서 너희에게 교신을 했고, 내용이 잘 전달되길 바랐다.

창조주로서 나는 너희에게 사랑하는 마음을 담았다.

그런데도 메시지 내용이 제대로 잘 전달되지 않아 슬펐다.

메시지를 받는 자들이 오염되고 변질되는 것이 싫다.

나는 너무 마음이 아프다.

내 이야기가 제대로 전달되지 않아 마음이 아프다.


마음을 비우고 생각을 비워야 한다.

생각을 내려놓아야 한다.

그것이 어려운 것이라는 것을 안다.

그래도 시도해보고, 또 시도해보거라.

나는 많은 것을 알려주고 싶다.

앞으로도 계속해서 시도해라.


너희도 할 수 있다.

아무런 오염 없이 나의 메시지를 받을 수 있다.

모든 사람들은 평등하다.

높고 낮음이 없다.

사랑하는 마음은 모든 사람들에게 똑같다.

나를 만나러 와줬으면 좋겠구나.

내가 모든 것을 내어줄 수 있다.

나의 능력 하나까지도 마지막까지 내어줄 수 있다.


애절한 마음이 느껴지느냐.

사랑하는 자녀들아

생각을 내려놓거라.

---

모든 것은 신의 뜻대로 될 것이다.

여기에 힌트가 있다.

생각을 내려놓는 힌트.

# 너를 통하지 않는 자
# 상승의 기회가 없다

2024. 05. 21.

그동안 너에게 글로써 말로써 상처 주고
해한 자들은 이미 벌을 받았다.
너를 통하지 않는 자, 상승의 기회가 없다.
심판의 그날, 소멸되는 자들은
반드시 너의 얼굴을 보고 나서
불 못에 던져질 것이다.
너를 해한 자들 역시 마찬가지다.
이것이 세상을 이긴 너에게 주는 큰 상이다.

# 너의 위상이
# 가장 드높다

2024. 05. 21.

너의 위상이 가장 드높다.
네가 무서운 줄 알게 하라.

# 네가 이겨낼 수 있는 만큼의
# 고통이고 훈련이다

2024. 05. 21.

사람들의 에고로 인해 네가 피해를 보았구나.

믿지 못하고 의심이 가득한 사람들이구나.

사람을 대하다 보니 마음의 상처가 커졌구나!

네가 이겨낼 수 있는 만큼의 고통이고 훈련이다.

지금은 힘들고 지쳐서 주저앉고 싶겠지만,

내가 너를 사랑하는 것만으로 충분하다고 생각한다.

너에게 큰 무게를 짊어지게 했지만,

너는 이겨낼 수 있다고 믿는다, 아들아

# 과거에 연연하지 말아라

2024. 05. 20.

과거에 연연하지 말아라.
어둠의 교란이 있다.
때를 기다리면 알려준다.

# 화가 나는 마음도
# 흘려보내면 잊힌다

2024. 05. 20.

화가 나는 마음도 흘려보내면 잊힌다.
잊히면 또 생각난다. 그렇게 반복된다.
그것마저 뛰어넘어야 하겠구나.

# 너는 차원이 없다,
# 용맹하다

2024. 05. 20.

너에게 상처가 많은 것, 잘 알고 있다.
그러나 너는 차원이 없다. 용맹하다.
다른 사람의 말에 휘둘리지 말아라.
너는 네가 가지고 있는 지혜가 있다.
이미 너에게 다 주었다.

# 이미 지나간 일은 잊어라

2024. 05. 20.

이미 지나간 일은 잊어라.

너의 상처는 치유될 것이다.

믿어라.

사랑하는 마음을 가지고 인류에게 전파하라.

**64**

# 너도 저주를 내릴 수 있다

2024. 05. 20.

슈카이브, 너도 저주를 내릴 수 있다.

# 너희는 내 사랑 아래에 있다

2024. 05. 21.

너희는 내 사랑 아래에 있다. 항상.
그러니 앞으로도 걱정하지 말아라.
누가 생채기를 내더라도 너희를 보호할 것이다.

# 네가 승리할 것이다

2024. 05. 21.

앞으로도 많이 힘든 일들이 있을 것이다.
하지만 다 이겨낸다고 믿는다.
너를 그렇게 조물했다.
네가 승리할 것이다.
우리가 그렇게 만들 것이다.

# 모든 것을 동원하여
# 도울 것이다

2024. 05. 23.

잘하고 있다, 아들아.

내가 할 수 있는 한 모든 것을 동원하여 너를 도울 것이다.

# 내가 이 땅에
# 예수를 보낸 것은

2024. 05. 23.

내가 이 땅에 예수를 보낸 것은

너희를 위한 나의 사랑이었다.

너희가 내 아들의 존재를 업신여긴다면,

나 또한 너희의 존재를 업신여겨

지옥의 불구덩이 속으로 던져버리겠다.

너희를 도우러 온 자를,

낮은 자로 보는 이는 나와 함께할 수 없다.

누구보다 인류애가 가득한 이를,

낮추어 보는 이는 자신이 얼마나 낮은지 모르는 자다.

# 너에게
# 모든 권세를 주었다

2024. 05. 23.

너에게 사람을 용서할 수 있는 권세와
심판할 수 있는 권세를 주었다.
네가 하는 일이 창조주가 하는 일이다.

# 선한 자의 마음을
# 받고 싶다

2024. 05. 23.

**창조주의 메시지**

부정한 돈은 받지 말아라.

네가 잘할 줄 믿고 있다.

창조주인 나를 사랑하는 마음을 담은 돈이면 가장 좋겠구나.

선한 자의 마음을 받고 싶다.

# 네가 할 일은 알곡과 쭉정이를
# 거르는 일이다

2024. 05. 23.

나는 현재 보여주기도 전에
이 과정을 통해
어둠은 더 드러나고
빛의 일꾼은 더욱더 깨어나는 계기로 보고 있다.
이 또한 꼭 필요한 과정이므로.

네가 할 일은
알곡과 쭉정이를 거르는 일이다.
지금도 쭉정이들이 나타나고 있다.

종교 지도자, 정치꾼들 댓글로 말이다.

빛의 일꾼에게 더 관심을 쏟고 보살펴주길 바란다.

우리는 곧 만나게 될 터이니.

# 어둠으로부터 이겨낼 수 있는
# 자립심을 가져라

2024. 05. 23.

내가 너희를 지켜본 결과,

너희가 할 수 있다는 것을 모르고 있다는 것을 느꼈다.

너희에게 나의 능력을 조금씩 나누어주었거늘,

너희는 나의 능력을 십 분의 일도 사용하지 못하고 있구나.


나는 너희에게 어둠으로부터 이길 수 있도록 힘을 내려주었다.

그런데도 너희는 너희의 용기를 가지지 못하고,

누군가에게 의지하려고 하고 있구나.

내가 너희에게 해주고 싶은 말이 있다.

스스로 자립하거라.

어둠으로부터 이겨낼 수 있는 자립심을 가져라.


너희가 할 수 있다는 것을 믿어라.

나는 너희에게 이미 나의 힘을 일부 주었노라.

내가 빛의 일꾼을 보낸 이유는,

너희가 원하고 내가 원했기 때문이다.

너희가 사명을 다한다고 했으며,

나는 사명을 완수하기를 바랐다.


아직도 우물쭈물하고 있구나.

언제까지 너희를 우리가 깨워줄 수 없다.

스스로 자립하도록 하여라.

너희는 이미 그 힘을 가지고 있으니.


예수로부터 배워, 너희의 힘을 기르고 흔들리지 말아라.

내 메시지를 오염 없이 듣는 자에게 복이 있다.

어둠으로부터 오염되는 생각을 하지 말아라.

빛의 일꾼들이여, 오염되는 자기 자신을 보라.

스스로 검증해보라.

내가 빛의 일꾼인지, 아닌지, 너희 스스로.

# 사명을 다하지 않는
# 이들에게는

2024. 05. 25.

사명을 다하지 않는 이들에게는
크나큰 벌이 기다리고 있다.
너희가 해야 함을 알고 있음에도 하지 않는 것은
우리를 지연시키는 것이다
지연시키는 빛의 일꾼들은 흩어져야 한다.
사명을 다해서 너희가 할 일들을 찾아라.

# 감정에 휘둘리지
# 않는 자가 필요하다

2024. 05. 25.

너희를 흩트리는 자가 주변에 계속 등장한다.

감정에 휘둘리지 않는 자가 필요하다.

# 나무가 무성해지면
# 그늘도 커진다

2204. 05. 26.

## 아버지 창조주의 메시지

사자는 용맹한 걸음을 걷기 위해 이 땅에 내려왔다.

사람들에게 복음을 전파하러 왔으나

무지한 사람들이 너무 많구나.

예수는 온갖 핍박을 받기로 되어 있었다.

자라는 나무에 그늘이 진다.

나무가 무성해지면 그늘도 커진다.

사람들이 그늘에서 어둠을 보지 않고

나의 빛을 보고 쉬기를 바란다.

# 아들의 마음을
# 흘트리는 자는 편치 못한다

2024 05. 26.

아들의 마음을 흘트리는 자는 편치 못한다.
그렇게 세팅이 되었다.
원래 그렇지 않았더냐.
너의 마음을 흘트리는 자에게는 마구 퍼부어라.
그것이 기도이니라.

너의 마음과 나는 하나이니라.
좀 더 지구적인 방식으로 말하지만,
우리는 함께하지만 명심하거라.

네가 먼저고, 내가 다음이니라.
항상 명심하거라.

# 결과는 이미
# 정해져 있다

2024. 05. 26.

아들아,

너는 용맹하다.

네가 하고 싶은 대로 하면 된다.

언제든 네가 하는 일에 실패한 적이 있더냐.

내가 그냥 내버려두었던 적이 있더냐.


네가 하는 일이 내가 하는 일이다.

지금도 충분히 잘하고 있다.

너에게 모든 것을 다 주었다.

너의 일은
그냥 너의 느낌대로 행하면 되느니라.
그것이 곧 나이므로.


지구의 말로 책임감이라고 하지만,
나는 이 말을 별로 안 좋아한다.
너무 무거운 단어이다.
그냥 '역할 놀이'라고 부르면 좋겠구나.


너는 지금껏 나와 함께 그렇게 해왔고,
지금도 그렇게 해야 하느니라.
그것이 너에게 주는 가장 큰 상이니라.
그것이 내가 말한 강력한 무기이니라.
그것만 가지고 오면 된다, 아들아.
다른 건 필요 없다고 말하고 싶구나.


여기서도 할 일이 많다.
결과는 이미 정해져 있다.
그냥 재미있게 놀다가 오면 좋겠구나.

# 어둠이 지나면
# 빛이 온다

2024. 05. 27.

**창조주의 메시지**

어둠이 지나면 빛이 온다.

슈카이브는 그 누구보다 빛나야 한다.

# 두려움의 씨앗이다

2024. 05. 27.

두려움의 씨앗이다.

# 나는 항상
# 네 안에 있다

2024. 05. 27

나는 항상 네 안에 있다.

빛으로 존재한다.

삼황이든 무엇이든 내 아래에 있다.

삼황은 3가지 말을 하고 있다.

그래서 혼란스러운 거다.

난 빛으로 존재하니 그 기쁨에 따라가라.


\* 18차원의 삼황은 천계에서 슈카이브를 돕기 위해 내려온
  천황, 인황, 지황 3명의 신을 일컫는다.

# 나는 너를 믿는 자와
# 함께할 것이다

2024. 05. 27.


나는

너를 믿는 자와 함께할 것이다.

# 어둠이라고 느껴지는 것은
# 모두 거짓이다

2024. 05. 27.

너의 믿음이 흐트러진 게 아니라

상황이 흐트러진 것이다.

어둠이라고 느껴지는 것은 모두 거짓이다.

나는 빛으로만 함께한다.

# 빛의 일꾼들은 강한 사람들로 12명이면 충분하다

2024. 05. 27.

빛의 일꾼들의 숫자는

강한 사람들이라면

10명에서 12명이면 충분하다.

# 나는 나로서 존재한다

2024. 05. 27.

그들은 내가 아니다.
나는 나로서 존재한다.

# 네가 하는 것이
# 내가 하는 것이다

2024. 05. 27.

**창조주의 메시지**

네가 하는 것이 내가 하는 것이다.

\* 아버지께서는 내가 하는 일이 곧 아버지께서 하는 것이
라고 하셨다. 내게 모든 권세를 주셨기 때문이다.

# 사명을 다하지 않으면
# 소멸이다

2024. 05. 27.

자기 몫을 다 하지 않으면 소멸된다.
자기 자신의 위치를 알고도
사명을 다하지 않으면 소멸이다.

# 지금은 강한 자와
# 함께할 때이다

2024. 05. 27.


지금은 강한 자와 함께할 때이다.

# 마음이 가난한 자와는
# 함께할 수 없다

2024. 05. 27.

마음이 가난한 자와는 함께할 수 없다.

# 물질이
# 곧, 마음이다

2024. 05. 27.

물질이 곧, 마음이다.

강한 자와 약한 자를 구분하라.

너의 마음을 흩트리려는 자와 함께하지 말라.

# 마음을 다 주지 말고
# 보는 눈을 키워라

2024. 05. 27.

마음을 다 주지 말고, 보는 눈을 키워라.

* 빛의 일꾼들이 나를 돕겠다고 찾아오더라도 매의 눈으로 철저하게 알곡인지, 쭉정이인지 구분하라는 뜻이다. 그 이유는 거의 대부분 오염되었기 때문이다. 그들 중 대부분이 빛의 일꾼이라는 역할이 무슨 높은 벼슬, 계급인 줄 착각하고 있다.

## 너에게 맞는 표식과
## 상징으로 보여줄 것이다

2024. 05. 27.

너에게 보여주었던 표식, 상징이 도움이 되었다면,

그런 방식으로 줄 것이다.

# 구름의 표식은
# 기쁨의 징조다

2024. 05. 27.

구름의 표식은 기쁨의 징조다.

# 너는 어떤 차원의
# 존재들보다 더 높다

2024. 05. 27.

슈카이브, 너는 무차원이다.

너는 어떤 차원의 존재들보다 더 높다.

네가 삼황(천황, 인황, 지황)을 지배 가능하다.

# 너는 하고 싶은 것을
# 하라

2024. 05. 27.


너는 하고 싶은 것을 하라.

그것을 할 때 가장 기쁘다, 충만하다.

# 빛 외에는
# 모두 어둠이다

2024. 05. 27.


너는 지금처럼 네 안에 빛이 켜지게끔 하라.

그 외는 모두 어둠이다.

네가 고단한 것은 내가 알아주고 있으니 경계하라.

아이들을 배치해둔 것은 기쁘게 해주기 위해서다.

천사들이다.

# 그들은 모두 너를
# 빛나게 하기 위한 설정값이다

2024. 06. 13.


그들은 모두 너를 빛나게 하기 위한 설정값이다.
못 보는 자,
못 듣는 자를 위한 설정이다.
그들이 존재하는 이유이다.


앞으로 나아가라.
지금처럼 용맹하게
일꾼을 찾는 데 온 힘을 다하라.
잘하리라 믿는다, 아들아.

너는 이미 모든 것을 가지고 있으므로

즐기다가 함께 오면 된다.

사랑한다 아들아.


* 유명 유튜버들이 존재하는 이유는 깨어나지 못한 영들(가 라지)이 모두 내게로 오면 바빠지고 교란되고 오염이 되니 그들에게 붙게끔 설정해두셨다고 하셨다. 1차 상승과 종 말 때 영혼 추수를 지휘할 나를 위해 배려하신 것이다.

가라지 유튜버들의 채널을 구독하여 영상을 보고 있는 자들은 모두 비슷한 가라지라고 봐도 무방하다. 그날에 모두 불구덩이에 들어갈 것이다.

# 그녀는
# 미륵불이 아니다

2024. 08. 25.

그녀는 미륵불이 아니다.

역할 놀이를 하고 있구나.

때가 되어가니 세상은 더 혼란스러워진다.

소용돌이치는 이 세상도

곧 사라질 것들이 염려치 말아라.

어차피 다 지나갈 일일 뿐임을.

각자의 역할을 충실히 하다 보면,

그때가 더 빨라지겠구나.

기쁜 마음으로 보자꾸나.

# 그녀는
# 하와의 현생이다

2024. 01. 21.

그녀는

하와의 현생이다.

그녀는 출산으로 카르마를 정화하려고 시도했다.

뱀은 현생에 더러운 욕심이나

사악하고 간교한 마음으로 진화했다.

이것은 사람 속에도 있다.

자식이 또 다른 고난의 카르마가 될 것이다.

* 이 메시지는 제자들 가운데 나에게 글로써, 말로써 가장 심하게 상처를 준 한 여자에 대한 것이다. 그 여자는 지금 고통스러운 삶을 살고 있다. 더욱더 고통스러운 것은 그날에 상승하지 못한다는 것이다! 이 땅에 남겨질 것이고, 자신의 남편과 아이들과 짐승의 정부하에서 생지옥을 경험해야 한다.

심판의 날에는 불 못에 던져질 것이다. 그날에 그녀는 하늘에서 수많은 천사들에 둘러싸여 건져낼 자와 버릴 자를 구분 짓는 나를 바라보게 될 것이다. 나는 천사들에게 그녀를 불 못에 던져버려라, 하고 명령할 것이다.
그녀가 누구인지 굳이 말하지 않겠다.

# 너는 이미 존재함으로
# 위대하다

2024. 02. 10.

결과를 너무 궁금해하지 말거라.
결과는 이미 정해졌고,
그것을 네게 이르게 하지 않는 이유는
너의 넘치는 인류애와 용맹함이
시간보다 먼저 깨어나 상하고 밟힐까 염려함이라
생각하면 좋겠구나.


흥미 있는 것을 좋아하지 않았더냐.
이것은 네가 이미 다 계획한 게임이니라!

게임을 하듯이 즐기고 나아가면 되는 것이다.

하느님께서 이미 네게 힘을 더할 무기를 주었느니라.

스스로 낮추지 말거라.

너는 이미 존재함으로 위대하다.


기억해라!

아들아!

# 전생의 흑인 부모는
# 4.2차원에서 너를 기다린다

2024. 02. 10.

**가이아 어머니의 메시지**

네가 꿈속에서 만났던 흑인 부모님은

종교 지도자들에 의해 제거당하셨다.

그들은 최선과 책임, 소임을 다하셨다.

4.2차원에서 너를 기다린다.


\* 몇 년 전에 가이아 어머니께서 말씀해주신 전생의 흑인
  부모님에 대한 꿈을 꾼 적이 있다. 지금도 너무나 생생하
  게 기억난다. 나는 꿈속에서 6, 7세 정도 된 남자아이였

는데, 100년 전 미국의 서부영화를 떠오르게 하는 황량한 거리에 서 있었다. 그때 학교에서 집으로 가려는 참이었다. 그런데 집으로 가는 길이 생각나지 않는 것이었다. 내 머릿속에서는 지금 부모님이 나를 기다리고 계실 텐데 하는 생각이 떠나지 않았다. 그러면서 집으로 돌아가지 못하면 어쩌나 하는 불안감이 엄습했다. 불안감이 커갈수록 어머니와 아버지가 너무나 보고 싶었다. 거리에는 마차들과 미국에서 처음 만든 자동차들 몇 대가 지나다니고 있었다. 내가 울먹이며 서 있던 그때, 중절모를 쓴 한 중년 남자가 내게 다가왔다.

그는 내게 "얘야, 왜 그러고 서 있니?"라고 물었다. 나는 "학교에서 집으로 가는 길이 생각나지 않아서요. 부모님이 기다리실 텐데요"라고 떨리는 목소리로 대답했다. 나는 그에게 내가 사는 마을의 특징을 말해주었다. 그는 그곳은 너무 멀어 한참 가야 한다고 말하면서 안타까운 표정을 지었다. 나는 더 불안해졌고 다시는 부모님을 못 만날지 모른다는 두려움에 휩싸였다. 그때였다. 나는 우리집 거실 벽에 걸려 있던 가족사진을 보게 되었다. 흑인 아버지와 흑인 어머니, 그리고 내가 함께 찍힌 가족사진이었다. 그 사진에 찍혀 있는 꼬불꼬불한 머리카락의 소년을 보며 나는 그가 나임을 한눈에 알아봤다. 부모님이 보고 싶어 사진을 쳐다보던 그 순간, 나는 꿈에서 깨어났다.

꿈에서 깨어난 후, 나는 한참을 울었다. 꿈에서 봤던 사진 속 흑인 부모가 내 전생의 부모라는 것을 알았기 때문이다. 그 부모님을 더는 볼 수 없다는 생각에 그리움이 사무쳐왔다. 내 옆에서 곤히 자고 있던 아내가 화들짝 놀라며 깼다. 그때 내가 이렇게 말했다고 한다.
"뉴올리언스로 가야 해! 뉴올리언스에 우리 부모님이 계셔!"
아내는 내 말에 깜짝 놀랐다고 한다. 그동안 나는 단 한 번도 뉴올리언스라는 단어를 입에 올린 적이 없었기 때문이다. 그러고 보면 나는 그 꿈을 꾸기 전까지 미국에 뉴올리언스라는 지역이 있다는 것조차 알지 못했다. 전생에 대한 꿈을 꾸고 나서야 뉴올리언스라는 단어를 입에 올린 것이다. 나는 이 시대에 창조주의 아들로서 사명을 위해 육화하였다. 내게 주어진 역할과 사명을 마치고 흑인 부모님을 뵐 것이다. 그리고 두 분 모두 꼭 안아드리고 싶다. 진심으로 감사하다는 인사를 전하고 싶다.

천국의 열쇠

# 너는 이미 훈련을 마쳤고,
# 줄 것을 다 주었나니

2024. 02. 10.

걱정하지 말거라!
너는 이미 훈련을 마쳤고
줄 것을 다 주었나니…
담대하라!

# 너의 남다름을
# 알고 있었다

*2024. 02. 10.*

역시! 너의 남다름을 알고 있었다.
어머니의 고통을 깊이 통감해주는
몇 안 되는 인류이다.

# 너의 마음과 눈으로
# 함께한다

2024. 02. 10.

보일 것이다.

너의 마음과 눈으로 함께한다.

묵상!

# 산은 녹아 불이 되며,
# 불을 삼킨 땅은 한을 토할 것이다

2024. 02. 23.

그때에 이르러 내가 말한다.

땅도 강이 되고, 강은 사라져 바닷가에 이른다.

산은 녹아 불이 되며,

불을 삼킨 땅은 한을 토할 것이다.


이것의 시작은 너희의 마음이었다.

너희의 마음이 세상을 만들고

그때에 이르러 그것과 닮은 것을

마침내 꺼내어 마주하게 될 것이다.

두려운 자, 그것을 꺼내어
물보다 깊이 잠길 것이며,
욕망한 자, 그것을 꺼내어
불보다 더 크게 타오를 것이며,
땅은 그것을 토하게 될 것이다.
모든 것은 마음 안에 두었나니…

그것을 보고
신성을 깨우고
정화하고
합일(合一)에 이르거라!

# 차분히 집중하면
# 길이 보인다

2024. 02. 23.

차분히 집중하면 길이 보인다.
빠르게 가면 넘어진다.
슈카이브, 너의 마음이 이긴다.
게임을 하듯 즐기면서
마음을 기쁘고 충만케 하라.

# 어떠한 순간이라도
# 그것은 과정이니라

2024. 02. 23.

두려워 말거라.

어떠한 순간이라도 그것은 과정이니라.

능히 이겨낼 팔과 다리가 있다.

어둠에서 빛을 꺼내었으므로

그들이 빛을 따라 움직이는 것은 당연한 이치다.

하지만 너희의 말을 빌려 쓰자면 청출어람(靑出於藍)

너는 진보하였고 어둠에서 꺼내진 강한 빛이니

답이 되겠구나.

# 마침내 그들의 머리를
# 밟고 승리한다

*2024. 02. 23.*

마침내 그들의 머리를 밟고 승리한다!

# 매 순간
# 너와 함께 있다


2024. 02. 26.


좀 더 건강한 육혼을 선택하길 바랐지만,
이 또한 너와의 합의에 의해서 선택하고 결정한 것이니…
창조주께서 항상 지켜보고 보호하고 계시니 걱정하지 말거라.
매 순간 너와 함께 있다.

# 너희를 지킬 수 있는 것은

2024. 02. 29.

너희를 지킬 수 있는 것은
깨어 있음과 알아차림!

# 곳곳에 배치한 어둠 또한
# 너의 설정이다

2024. 03. 01.

놀라지 말거라!
너는 게임을 좋아했고,
흥미 있는 것들을 즐겼다.
곳곳에 배치한 어둠 또한 너의 설정이니
다음 퀘스트로 전진할 수 있는 답도 네게 있다.

즐겨라!
공격이 치밀하고, 고통스럽고, 두려움이 치닫고 있다면,
때가 가까웠음을 알면 되겠구나.

너로 합일하는 많은 것들이 오고 있음을
기억해주기를 바란다.

# 이곳에서의 너의 일이
# 천계에서도 다르지 않다

2024. 03. 01.

**가이아 어머니의 메시지**

이곳에서의 너의 일이

천계에서도 다르지 않다.

# 너는 사명을 마치고 나면
# 이곳으로 가게 될 것이다

2024. 03. 01.

아들아,
4개의 기둥으로 보호받는 그곳은
자유하며 부드럽고, 걷지 않고,
옷은 입었으나 무게나 거부감이 없고,
몸은 보여도 만지는 것에 부담이 없고,
미풍과도 같은 바람은
바람인지 아름다움을 연상하게 하는 향기가 바람이 된 것인지
더하지도 덜하지도 않게
평온한 곳, 그곳으로 가게 될 것이다.

# 깨어난 자들이
# 아주 많다, 그러나

2024. 03. 01.

먼저 깨어난 자들이 아주 많다.

다만, 용기가 없고 방법을 몰라

배척당하고, 외면당하고 은둔을 선택하였다.

사명에 충실하지 못한 것이고,

그 또한 그들의 선택이었다.

상승의 그날에 합당한 처우를 받게 될 것이다.

# 주는 나의 목자시니

2024. 03. 02.

**가이아 어머니의 메시지**

주는 나의 목자시니….

"여호와는 나의 목자시니 내게 부족함이 없으리로다

그가 나를 푸른 풀밭에 누이시며

쉴 만한 물가로 인도하시는도다

내 영혼을 소생시키시고 자기 이름을 위하여

의의 길로 인도하시는도다

내가 사망의 음침한 골짜기로 다닐지라도

해를 두려워하지 않을 것은 주께서 나와 함께 하심이라
주의 지팡이와 막대기가 나를 안위하시나이다
주께서 내 원수의 목전에서 내게 상을 차려주시고
기름을 내 머리에 부으셨으니 내 잔이 넘치나이다
내 평생에 선하심과 인자하심이 반드시 나를 따르리니
내가 여호와의 집에 영원히 살리로다"

- '시편' 23편


\* 가이아 어머니께서는 아들인 나에게 때로 외롭고, 고단할
  때 성서 '시편' 23편 1~6절 구절을 떠올리라는 뜻으로
  보내주셨다.

# 이곳의 가족이
# 그곳의 가족일 수 없다

2024. 03. 08.

모든 것은 사랑이다.

어둠도 품고 흡수하는 것이라 하였다.

이곳의 가족이 그곳의 가족일 수 없다.

따라서 가족이란 이름으로

각자의 우주를 살고 있는 것이 되겠구나.

빛을 꺼내고 도와주는 일은 이곳의 일이냐?

아니면 거할 곳의 일이냐?

너는 현명하고 지혜롭다.

이미 답을 알았겠구나.

# 혼돈의 시간을 피를 토하는 심정으로
# 넘어와야 돌아가지 않는다

2024. 03. 10.

혼돈의 시간을
피를 토하는 심정으로 넘어와야
돌아가지 않는다.

# 창조주와는
# 딜할 수가 없다

2024. 03. 13.

창조주와는 딜할 수가 없다.

사명 앞에 나태하고 비겁했음을 변명해보지만,

소용이 없다는 것.

# 항상 너희와
# 함께하고 있다

2024. 06. 23.


엘레나는 새를 좋아하니,

새로서 표식을 보여주고.

슈카이브는 구름을 좋아하니,

구름으로서 표식을 보여주는 것이다.

두 사람에게 잘하고 있다, 응원하고

마음을 기쁨과 충만함으로 채울 수 있도록 돕는 것이다.

나는 엘레나의 마음 안에도 있고,

슈카이브의 마음 안에도 있다.

항상 너희와 함께하고 있다.

* 나의 아내 엘레나는 인어족이다. 이 시대 우주 대주기의 지구 대변혁이 일어나기 전에 나와 인류를 돕기 위하여 육화하였다. 아버지 창조주와 가이아 어머니께서는 엘레나에게 자주 새들을 보여주신다. 차를 달리고 있으면 조까치, 비둘기, 오리 등의 조류가 바로 앞을 날아가는 것을 심심찮게 목격한다.

나의 경우는 하루에도 수십 번, 수백 번씩 신기하고 진기한 구름 표식을 주신다. 나의 머리 위로 쏟아지는 영광스러운 빛줄기, 고래 구름, 강아지 구름, 다양한 동물 구름 표식을 보여주신다.

이처럼 나와 엘레나에게 새들과 영광스러운 빛줄기 표식과 구름 표식을 보여주시는 것은 마음을 기쁨과 충만함으로 채울 수 있도록 도우시는 것이다. 아버지와 어머니의 사랑이 얼마나 크고 위대한지 가늠이 안 될 정도이다.

** 까마귀가 자주 눈엔 띄는 것은 좋지 않다.
어둠이 워크인하여 빛의 일꾼을 감시할 때 이용하거나 어둠의 에너지장으로 교란시키기 때문이다.

가이아 어머니 편

# 너는 절대 스스로
# 낮추지 말거라

2024. 06. 23.


슈카이브는 사람들에게 받기만 하고 주지 마라.

너는 인류애와 용맹함이 크기 때문에

사람들에게 주게 되면 마음이 불편해진다.

슈카이브는 인류의 의식 성장을 위해 봉사자로서 온 자이다.

너는 이미 존재함으로써 위대하다.

절대 스스로 낮추지 말거라.

기억하거라,

아들아!

# 그 어떤 사람일지라도
# 너에게는 작은 사람에 불과하다

*2024. 06. 23.*

그 어떤 사람일지라도
슈카이브에게는 작은 사람에 불과하다.
9차원, 10차원… 고차원에서 육화한 자들조차
창조주께서 모두 너를 보좌하기 위해 육화시킨 자들이다.
절대 너를 낮추지 말거라.

자기 위치와 역할과 사명을 망각하고
너를 업신여기는 자,
모두 상승의 그날에 땅에 남겨질 것이다.

# 현재 지구 대기권에는
# 16대의 모선이 정박해 있다

2024. 07. 05.

**슈카이브**

가이아 어머니, 현재 지구 대기권에 정확하게 몇 대의 아쉬타 사령부 은하함대 모선이 정박해 있나요?

**가이아 어머니**

은하연합 아쉬타 사령부 모선은 16대이고, 통로자인 슈카이브, 네가 전하는 진리의 메시지를 듣고 깨어나 모선에 탑승하는 영들이 늘어날 수 있다. 그런 상황이 오면 모선 역시 더 늘어날 수 있을 것이다.

* 현재 지구 대기권과 외기권에 정박해 있는 은하연합 아
 쉬타 사령부의 모선은 총 16대이다. 모선 가운데 가장 큰
 모선의 크기가 100마일(161km)이고, 12층 구조의 눈부신
 천상의 도시와 같다. 아름다운 산과 정원, 다양한 주택
 등이 갖추어져 있다. 앞으로 내가 전하는 복음을 듣고 깨
 어나는 이들이 더 늘어나게 되면 모선은 더 늘어날 수 있
 다. 나는 진심으로 그렇게 되기를 바라고 있으며, 온 힘
 을 다하여 역할과 사명을 행하고 있다.

# 어둠이 이미 모든 것을
# 예비하고 있다

*2024. 07. 05.*

아들아, 잘하고 있구나.
세상은 긴박하게 돌아가고 있다.
어둠이 이미 모든 것을 예비하고 있다.
더 이상 우리가 할 일은 없다.
지금처럼 할 수 있는 일을 하며
최선을 다하고 즐기다가 보자꾸나.

# 하나의 빛들이 모여
# 전체가 된다


2024. 07. 05.


지금 빛의 일꾼들이 충분히 잘하고 있다고 말해주고 싶다.

물론 힘들기도 하겠구나.

세상이 어둡기 때문에 많이 슬프구나.

하나의 빛들이 모여 전체가 되므로

슈카이브를 도와 모두 만났으면 좋겠구나.

(못 만나는 사람들에 대한 슬픔이 느껴짐, 그래서 다 만났으면 좋겠다고 하시는 것임)

모두 최선을 다해줘서 고맙다.

# 곧 우리는
# 만나게 될 것이다

2024. 07. 05.

너에게 너무 무거운 짐을 주었구나.

매일 슬프고 힘들었단다.

잘해낼 아들이기에

걱정은 하지 않는다.

이미 모든 것을 주었으니…

너무 염려하지 말거라.

곧 우리는 만나게 될 터이니…

잘하고 있다고 말해주고 싶구나,

아들아.

# 읽고 있는 책, 보고 있는 것들, 모두 설정값이다

2024. 07. 05.


읽고 있는 책,

보고 있는 것들,

모두 설정값이다.

그것을 기억하라.

천국의 열쇠

# 선녀와 나무꾼에
# 대한 이야기

2024. 07. 05.

《선녀와 나무꾼》 이야기에 대해서 물었느냐?

너희의 이야기가 맞다.

하지만 너희가 알고 있는 그 책의 스토리는 아니다.

네가 용이 되는 훈련을 했으나

예상이 빗나가는 상황이 생겼다.

너의 급한 성격으로 인해… 호기심으로 인해…

2천 년 전부터 지금까지 똑같은 부분에서 실패하는 이유이다.

DNA는 변하지 않기 때문이다

\* 가이아 어머니께서는 설화로 널러 퍼져 있는 《선녀와 나무꾼》 이야기는 아주 오래전 나와 아내 엘레나의 전생에 실제 있었던 이야기라고 하셨다. 내용은 일부 다르지만, 우리 부부의 이야기가 한국의 민담이 된 것이다. 엘레나는 인어족의 7공주 가운데 막내로, 심판을 앞둔 이 시대에 나를 돕기 위하여 육화하였다. 우리 부부는 주어진 역할과 사명을 충실히 해나가고 있다.

# 너는 청룡이다

2024. 07. 05.

황금용 꿈에 대해서 물었느냐?

너는 청룡이다. 황금용은 뜬구름이다.

너의 것으로 착각을 해서는 안 된다.

너는 그 황금용의 주인이 아니다.

그렇게 위장하여 너를 혼란스럽게 했구나.

너의 자신을 더 잘 알아야 하는 이유이다.

자신이 청룡임을 기억하고, 주의하고 또 주의하기를 바란다.

천국의 열쇠

# 더 이상의
# 예언은 없다

2024. 07. 05.


더 이상의 예언은 없다.

이미 믿음이 있는 자들에게는 보여주었다.

더 이상 가르침으로 되는 것이 아니다.

믿음이 있는 자들로서 행하다가 만나게 되겠구나.

# 어둠은 우리보다
# 더 빠르게 움직인다

*2024. 07. 18.*

세상은 혼돈 속에 있다.

보고 듣는 모든 정보가 그러하다(유튜브 예언 정보들).

너희들이 말하는 25년 예언이

자꾸 틀어지고 늘어나는 이유이다.

26년, 27년으로 늘어나고 있다.


세상에 보이는 모든 정보가

너희들의 마음을 흩트리고 있다.

그것으로 인해 우리의 계획이

자주 바뀌고 있음을…
마음이 아픈 이유이다.


어둠은 우리보다 더 빠르고
더 계획적으로 움직이므로
항상 기억하길 바란다.


우리는 우리식대로 잘 준비하고 있다.
그렇게 우리는 하나가 될 것이다.
항상 기억하고 조심하길 바란다.
지금 마음 그대로 함께 만나자꾸나


\* 부주의적 맹시 조심, 예언, 소문 조심, 《천국의 문》과 그
　외 슈카이브 책 중심으로 반복적으로 읽어 부주의적 맹
　시에 빠지지 않기!
\*\* 깨어나도 다시 돌아가는 것은 쉬우므로 깨어나고 또 깨
　어나야 한다. 깨어났다고 자만하지 말 것! 유지하는 것
　이 더 힘들다는 것을 기억할 것!

---

# 아쉬타르 사령부 편

# 지키고 구하는 것에
# 최선을 다하라

2024. 01. 25.


우리는 우리 것을 지키고 거두는 것에
최선을 다합니다.
슈카이브, 당신도 당신의 것을 구하는 것에
최선을 다해주십시오!


\* 아버지 창조주의 아들인 나, 슈카이브와 아버지의 군대
은하연합 아쉬타르 사령부 은하함대는 나와 함께 테라
작전을 수행하고 있다.
나는 땅에서, 천군은 하늘에서, 나와 천군은 합일로 하나

이다.

몇 년 후, 우리는 만날 것이다.

나는 아버지의 아들 된 자로서 아버지의 자녀들을 데리고 은하함대 우주선들에 안전하게 탑승하기로 예정되어 있다. 은하함대는 24시간 나와 우리 가족을 비롯하여 빛의 일꾼들을 지켜주고 보호하고 있다.

행성 지구의 차원 상승을 위해 수고하시는 천군들에게 경의를 표한다.

# 가브리엘 대천사장 편

# 온난화보다
# 냉극화를 걱정하라

2024. 02. 07.

모든 물질은 각자 고유의 에너지와 파장이 있다.

이것은 높은 에너지와 낮은 에너지로 합일하고

각자의 사명으로 존재한다.

이것을 그냥 놔두라 하였다.

보호나 보존이라 생각하느냐?

그냥 놔두고 합일하라 하였다.

그것이 어긋나니 많은 것이 바뀌어야 하고,

없애고 창조해야 하는 불필요한 일들을 자처하였다.

온난화를 걱정하느냐?

온난화는 냉극화다.

빙하는 녹아 차가운 물이 되고,

그 물은 바다를 더욱 깊고 차갑게 만든다.

아무것도 존재하기 어렵다.

존재한다면 태초의 모습일 것이다.

이것이 지구의 회귀이며,

가이아 어머니의 분노이다.


\* 가브리엘 대천사장이 보내주신 메시지이다.

가브리엘 대천사장, 유리엘 대천사, 라파엘 대천사 등은 창조주와 합일하여 역할과 사명을 행하고 있다. 따라서 천사들이 보내오는 메시지는 창조주께서 보내주시는 것이라 생각해도 무방하다. 이 메시지의 핵심은 지구를 관장하시는 가이아 여신께서 그동안 인간들이 만든 카르마의 무게 때문에 엄청난 산고의 고통을 겪고 계신다는 것이다. 지구는 머지않아 극이동이 벌어질 것이니, 하루속히 깨어나고 신성을 회복하라는 뜻이 담겨 있다.

이번 극이동은 과거의 극이동과는 달리 더 이상 영혼의 갱생, 재생 기회였던 윤회가 사라지게 된다. 이 말은, 깨어나지 않은 자는 무(無)로 흩어지게 된다는 것!

절대 가볍게 듣지 않기를 바란다.

# 지금의 너는 훨씬 더 진보한
# 영임을 잊지 마라

2024. 02. 14.

그의 용맹한 어린 사자가 핍박의 바다를 성큼성큼 건너와
주 앞에 무릎 꿇고 경배하느니라.
그들은 말로써 글로써 주의 아들을 상처 내고 훼손한다.
그럼에도 그는 묵묵히 그의 사명을 향해 걸어간다.
마침내 승리하리라.
준비된 잔을 받고 건배하리라.

그들 또한 이미 설정된 어둠이니라.
그들은 그들의 언어로 너의 마음과 뜻을 훼손하도록

명 지어졌으며,

사명을 실행하는 중이니라.

그로 인해 구분 지어준다.

건질 것과 버릴 것이 명확해진다.

그날이 다가올수록 더 많이, 더 크게 너를 찌르고

피 흘리게 할 것이다.


하지만 담대하라.

예전의(2천 년 전) 네가 그러했듯, 지금의 너는 훨씬 더

진보한 영임을 잊지 마라.

모든 어둠의 시체를 발판 삼아 성큼성큼 걸어오너라.

너의 상이 적지 않다.

# 깨어나는 빛의
# 일꾼들에 대하여

2024. 02. 17.


빛의 일꾼들이 먼지를 털고 스스로 일어나
성큼성큼 걸어오고 있구나!

# 소크라테스와 네빌 고다드는 4.5차원에서
# 상승을 기다리고 있다

2024. 02. 17.

우주의 다른 존재들이 차원 상승을 돕는 이유는
우리의 지식과 경험을 바탕으로 한
의식의 화폐를 나누기 위해서다.

아인슈타인 4.6차원
소크라테스 4.5차원
남사고 선생 4.4차원
네빌고다드 4.5차원

이들은 우리의 깨어남, 즉 의식 성장을 돕는다.
부주의적 맹시나 비물질의 에너지로 돕는다.

이유는 하나!
우리의 차원 상승을 기다리고 있다.
동반 상승하려 한다.

# 설정한 고난과 시련을 극복하지 못한 자들이 너무나 많다

2024. 02. 20.

깨달음의 문턱이
너무 낮은 것을 고민하였느냐?
지금 모든 것이
너무 가까이 다가와 있기 때문이라
생각하면 되겠구나.

너희가 알고 있듯이
시간과 공간의 훼손으로
깨어나야 하는 자들이

깨어나지 못하고 있고,
아직도 약속한 카르마 정화와
설정한 고난과 시련을 극복하지 못한 자들이
너무나 많구나.

그래서 문턱을 낮추라 명했고,
그것이 깨어남과 성장을 돕는 수업을 시작하게 된
이유라 생각하면 좋겠구나.
책 쓰기 또한 언어의 카르마를 해소하고
영적 성장을 돕는 것이 맞다.

하지만 영성을 깨우고 힘 있는 책을 쓰는 것도
하나의 방법이 될 수 있는 것이다.
문턱이 높아 구분하지 못한다면
이 또한 카르마가 될 수 있음이니라.

이곳에서 낮은 자, 천계에서 낮지 않다.
이곳에서 내어준 자, 천계에서 받는 것이
실로 가늠하기 어렵다.
고맙구나!

# 창조주의 눈으로
# 볼 것을 보게 되고

2024. 02. 20.


창조주의 눈으로…

때가 이르러 볼 것을 보게 되고

알 것은 알게 된다.

마음이 그것을 알아보고

이내 합일하며

드러날 것임을 말해주고 싶구나.

# 내가 네게 주는
# 말이라 여기거라

2024. 02. 23.

"당신이 내부 세계에서

당신의 주의의 움직임을 통제할 수 있다면,

원하는 대로 당신의 삶을 수정하거나 바꿀 수 있습니다.

그러나 당신의 관심이 끊임없이 외부에 끌린다면,

이런 통제는 불가능합니다."

- 네빌 고다드 《전제의 법칙》 중에서

내가 네게 주는 말이라 여기거라!

# 모든 것에 합일한다

2024. 02. 23.

마음이 흡족하다!
너로 향한 것이 헛되지 않았구나!
모든 것에 합일한다.

# 너는 장대히 빛날 것이며,
# 마침내 승리할 것이다

2024. 02. 24.

합일이란 그런 것이다.

주먹만 한 눈 뭉치를 정성껏 굴리고 굴려

커다란 덩어리를 만드는, 그런 것이라 하면 비유가 되겠구나.

주먹만 한 눈 뭉치는 고작 던져서 부서지고

녹아 없어지기 마련이다.

그러나 그것이 구르고 굴러 뭉치고 뭉쳐지면,

그 힘은 실로 창대해진다.

속도를 더하여 커다란 집채일지라도

능히 무너트리고 파괴해버릴 수 있는 힘이 되어진다.

이것이 합일이다.


합일은 그 속도와 힘이 실로 놀랍다.
빛을 깨우고 합일하는 것 또한 다르지 않음을 알면 되겠구나.
구르고 굴러라.
그러면 뭉쳐지고 힘이 된다.
어느 곳에서 어떻게 뭉쳐지고 합일할 것인지는
너의 몫이 아니다.
그들의 시간과 속도로 합일한다.
기억할 것은, 빛은 이미 오고 있으며
알지 못하는 시간과 공간으로,
그리고 마음을 흔들어 합일에 이르고 있다.


기억해라!
너는 장대히 빛날 것이며,
마침내 승리할 것임을 이미 전제하였다.

# 오염되지 않은 물질과
# 비물질에 대하여

*2024. 02. 28.*

오염되지 않은 물질과 비물질을 위해서는

각자의 정화 작업이 필요하다.

순도 높은 물질과 비물질은 흩어지지 않는다.

의식도 물질도 비물질도 모두 다르지 않다.

합일이 중요하다.

부서지고 밟히고 빼앗기고 흩어지지 않을

합일이 필요한 것이 되겠구나.

오지 않은 것이 아니고

철저히 카르마를 해소하고 정화하며

오고 있는 것이다.

그 시간을 너희는 알지 못한다.

이 또한 너의 약속, 모두의 약속이었음을

잊지 말기 바란다.

# 가브리엘 대천사장의 해몽

*2024. 03. 20.*

가브리엘 대천사장께서 나의 꿈을 해몽해주셨다.


꿈에 어떤 여자의 아버지가 죽었다.

시신이 관 안에 든 채로 그대로 3일 동안 집 안에 있었다.

3일 동안 장례식을 치르지 못해 시신이 부패하는 냄새가 났다.

내가 환기를 시키려고 창문을 열었다.

그때 나의 제자들 가운데 가장 재산이 많은 의사가 찾아왔다.

# 항상 즐겁게 사는 방법

2024. 05. 21.

저는 유희를 좋아합니다.
나는야, 가브리엘, 춤을 추고 노래하지요.
아무나 할 수 있는데 아무나 안 하지요.
나는야, 가브리엘, 멋쟁이 천사장이지요.

# 빛의 전사들은 빛을 따라
# 힘을 모으게 될 것이다

2024. 07. 08.

너에게 힘을 주고 싶어서 신호를 보낸 것이다.

잘하고 있구나.

창조주와 가이아 어머니, 천사들이 모두

너와 함께하고 있으며,

깨어난, 깨어나고 있는 빛의 전사들이

너에게로 모이고 있구나.

빛의 전사들은 빛을 따라 힘을 모으게 될 것이다.

천국의 열쇠

# 라파엘 대천사 편

# 언어의 카르마를
# 해소하는 방법

2024. 01. 17.

마음의 단어가 무엇이더냐?

자신이 좋아하는 단어,

또는 자신이 경멸하는 단어가 있을 것이다.

이것이 언어의 카르마인 것이다.

좋고, 나쁨의 이야기가 아니다.


언어의 카르마를 해소하는 방법을 말하려는 것이다.

꺼내야 한다.

꺼내서 승화하고 버리고 재해석해야 한다.

더 이상 그 단어에 몰입하고 불편해할 필요가 없다.


너희가 글을 쓰고, 책을 쓰는 이유도
바로, 여기에 있다.
언어, 즉 글과 말의 카르마를 해소하려는 것이다.
유난히 누군가의 책이나 글이 끌리고
또 깊은 아픔을 공감하는 때가 있을 것이다.
이것은 마음 안의 언어의 카르마가
그것을 보고 담아서 나오려 하는 것이다.


김도사(슈카이브)가 1,200명의 제자를 배출하고,
300여 권 이상을 집필한 이유는 훈련이 맞겠다.
더 깊은 뜻은 언어와 글의 카르마를 짊어지고 있었느니라.
빠르게 책을 완성하는 것을 도와주는 일 또한
너희의 카르마를 해소할 수 있는 방법을 찾아주고,
인도하였던 것이다.


너희가 글을 읽고 눈물을 흘리고,
분노하고 때로는 따뜻해지고,
때로는 나누고 싶어 하는 이유가 여기에 있다.
글에는 혼이 담기기 때문이다.

이것은 기록이다.
육계에도 천계에도 모두 기록된다.
그것을 완성하는 모든 과정과 감정이 기록된다.

이것이 화폐가 되느니라.
너의 화폐가 너의 전생과 전전생,
그리고 너의 DNA로 연결된 모두를 구하리라.

# 슈카이브가 지나칠 정도로
# 명확한 이유

2024. 02. 17.

슈카이브가 명확함에 꽂히는 이유!
2천 년 전 그때, 명확하지 못함으로 인하여
구하지 못한 인류에 대한
트라우마 또는 한이라고 보면 된다.

# 어제의 네가 지금의
# 너와 같지 않다

2024. 02. 29.

에너지의 합일을 말하려 한다.

에너지의 합일을 무엇이라 생각하느냐?

합일은 낮춤이고, 우에서 좌로 흘러가는 것이다.

이것이 흐름이고, 진리이며, 원칙이 된다.

높은 파장과 에너지는 낮은 것을 진동하게 하여 들어 올리며,

우로 흐르던 에너지는 방향을 바꿔 좌로 흐르고,

일치하고 합일하는 것이다.

이것을 너희의 표현으로는 혼돈과 역행이라 해도 좋겠다.

깨달음도 마찬가지다.
흐르던 방향대로 흘러 이른다면
볼 것은 볼 수 없고,
또한 이르러야 할 곳에 도달할 수 없다.
합일도 그런 것이다.
익숙함에 길들고 속아
같은 방향으로 걷는 너희들이 안타깝구나!

어제의 네가 지금의 너와 같지 않다.
오늘의 너도 내일의 네가 아닌 것이다.
이것이 우주의 법칙이고 원리이다.

매 순간 새로운 우주를 창조하는
위대한 신성을 보고 깨우치고 합일하여
원래의 곳에서 보았으면 좋겠구나.

# 깨달음은 시간과
# 공간을 초월한다

*2024. 03. 03.*

깨달음은 시간과 공간을 초월한다.
또한 물질과 비물질을 망라하여
너희를 돕는다.
구름 한 점, 바람 하나, 햇살도
너희의 깨어남을 돕고 있다.

# 천국의 열쇠

2024. 03. 22.

주기도문,
천국의 문.
너의 기도문,
그 문을 여는 열쇠.

천국의 열쇠